겉도는 고객만족경영을 위한 CRM

최정환 • 송근택 • 황혜정

다산출판사

머리말

오늘날과 같이 경쟁이 심화되어 가거나 포화된 시장에서는 신규로 획득할 잠재고객이 줄어들기 때문에 기업에게는 기존고객의 관리가 더욱더 중요하다. 이러한 시장에서는 기존고객을 만족시켜 유지하지 못하면 고객이탈이 생겨나고 이는 기업의 성장은 물론 생존까지 위협할 수 있다. 이러한 시장상황에서 기업의 고객만족도를 측정하고 고객만족을 높여야 기업이 성장할 수 있으므로 고객만족을 전략적 차별화 수단으로 제안하는 고객만족경영은 미국기업들을 중심으로 빠르게 수용되었다. 1980년대 말경에 출현하여 그동안 다양한 업종에서 수많은 기업들이 고객을 만족시키려는 시도를 했고, 고객만족활동의 성과가 되는 고객만족도를 측정하고 문제영역과 구체적 문제점을 찾아 개선하고자 하는 노력을 경주해 왔다. 필자가 미국 미시간 대학에 다닐 때 참여했던 고객만족연구를 통해 개발된 ACSI(American Customer Satisfaction Index)는 미국의 여러 업종에서 기업들이 고객을 어느 정도 만족시키고 있는지를 점수로 측정하고 이를 기반으로 개선해 나가는 예를 보여주어 고객만족경영의 방법론을 제시하였다. 그 후 고객만족경영을 수용하는 기업들 사이에는 유사한 서베이를 실시하여 고객만족점수를 측정하고 이를 개선하려는 프랙티스가 확산되어 왔다.

이러한 가치제안으로 시작한 고객만족경영이 수많은 기업에서 수용되어 실행되어 온 지도 벌써 20년 가까운 시간이 흘렀다. 그동안 고객만족경영을 실행해 온 많은 기업들은 실행상 여러가지 문제점을 겪어 보았고 심지어는 고객만족경영의 본원적인 한계도 접하게 되어 고객만족경영에 대해 적지 않은 회의를 갖게 되었다. 서베이를 통해 얻는 고객만족점수는 어떤 해석이 가능한가? 고객만족점수는 얼마까지 올려야 하는가? 고객만족점수의 증가는 과연 재무적 성과 개선을 가져오는가? 만족한다는 고객은 왜 그렇게 많이 떠나가는가? 과연 만족한 고객들은 구전을 통해 얼마나 추천하는가? 구매나 사용해 보지 않은 고객을 어떻게 만족시킬 수 있는가? 고객만족경영의 목적이 고객만족점수의 제고가 아니라면 고객만족의 궁극적인 목적은 무엇이 되어야 하는가? 고객만족점수가 고객만족경영의 궁극적인 목적 달성 여부를 보여주지 못한다면, 서베이 데이터에 기반한 지표가 아닌 다른 대체적 지표로 성과를 측정할 수는 없는가? 또한 최근에 등장한 고객경험관리(Customer Experience Management)는 고객만족경영과 무엇이 어떻게 다른가? 고객만족경영을 실행해 본 기업이 갖게 되는 이러한 질문들에 대한 답변이 없다면 고객만족경영은 잘되기 어렵다. 아직까지도 고객만족경영의 성공사례를 찾아보기가 드문 이유도 이와 무관하지 않다고 생각한다.

이 책은 필자들이 갖게 된 고객만족경영의 문제점에 대한 인식과 우려에 대한 반응으로 나오게 되었다. 고객만족경영이 등장한 초기부터 오랫

동안 여러 업종의 기업에서 고객만족경영을 실행해 온 실무경험과 컨설팅, 그리고 연구를 통해 필자들은 기업들의 현행 고객만족경영의 많은 문제점을 인식했고, 이러한 문제점이 해결되지 않으면 고객만족경영은 겉돌 수밖에 없다는 우려를 갖게 되었다. 따라서 이 책에서는 지금도 수많은 기업들이 실행하고 있는 고객만족경영의 실태를 바탕으로 문제점을 진단해 보고 이에 대한 대안을 CRM(Customer Relationship Management)의 관점에서 제시하고자 한다. 필자들의 경험과 고민이 담긴 이 책이 고객만족경영을 실행하는 기업들이 겪게 되는 시행착오를 줄이고, 진정 고객만족경영의 성공사례들이 나오는 데 도움이 되었으면 한다.

2008년 10월에

최정환 · 송근택 · 황혜정

차 례

Ⅰ. 고객만족(Customer Satisfaction) 경영에 대하여

긴 겨울이 지나고 마침내 날씨가 따뜻해지고 봄기운이 시작된 어느 날, K금융사에서 CS(Customer Satisfaction)담당 실무자 2명이 CS경영에 대한 자문을 얻기 위해 J경영연구원을 방문했다. 2명의 실무자는 CS프로그램을 만들어 시행하라는 경영진의 지시에 따라 타사의 CS사례와 여러 시행착오, 그리고 현행 CS의 문제점과 개선안에 대해 듣고 CS프로그램을 제대로 만들어 보려는 의지를 가지고 CS전문가인 C원장을 면담하게 되었다.

A부장 : 안녕하십니까? 이렇게 시간을 내 주셔서 고맙습니다. 올해 저희 업계에서는 경쟁사들이 저마다 지나치게 높은 성장목표를 정하고 의욕적으로 실행하고 있어 이미 레드 오션(Red Ocean)으로 경쟁이 치열한 시장에서 기존고객의 유지에 대한

중요성이 어느 때보다도 부각되고 있는 실정입니다. 그래서 저희 회사의 CEO와 경영진들은 올해 CS경영을 중점추진 경영으로 삼고, CS프로그램을 구축하는 TF Team도 만들었고, 그 팀에서 저희도 일하고 있습니다. 오늘 박사님을 찾아 뵙고, 저희들이 그동안 추진해 왔던 것에 대해 질문도 드리고, 또 관찰하신 국내 기업의 CS경영에 대한 문제점들에 대해서도 듣고 싶습니다. 무엇보다도, 국내 기업들의 CS경영에 대해 가장 큰 이슈는 무엇이라고 생각하시는지요?

C원장 : 먼저, 국내 기업들의 CS경영은 겉돌고 있지 않은가 하는 생각이 듭니다. 잘 아시겠지만, 고객만족이 기업의 궁극적인 목적이 되는 것은 아닙니다. 물론 요즈음은 기업의 사회적 책임이나 기업의 지속가능경영 등 기업목적의 비영리적인 측면도 강조되지만, 어디까지나 영리를 추구하는 기업의 궁극적인 목적은 이익이 되어야 하지요. 그러니까, 기업의 관점에서 고객만족은 이익을 제고하기 위한 것이 되어야 합니다. 좀 더 구체적으로 얘기하면, 기업이 고객을 만족시키려고 하는 것은 기본적으로 고객만족을 통해 고객이 재구매 또는 반복구매를 하게 함으로써 고객을 유지하기 위함입니다. 즉, 기존고객이 더 이상 구매하지 않고 이탈하게 되면 기업은 그 고객이 구매한 만큼 매출이 줄어들게 되지요. 이를 영어로는 Revenue Lost라고 표현하고, 고객을 유지한다는 것은 그만큼의 잃을 수 있는 매출, 즉 Revenue-at-risk를 지킴으로써 경제적인 성과를 볼 수 있다는 것

이지요. 고객을 만족시킴으로써 고객을 유지할 수 있다면, 이를 통해 얻는 경제적 성과가 바로 기업의 CS경영을 통해 달성하고자 하는 목적이 되어야 하지요. 그런데 국내 기업들이 실행하는 CS경영은 이러한 CS의 경제적 성과를 별반 고려하고 있지 않기에 CS경영의 목적이 뚜렷하지 않아 겉돌고 있다는 생각이 드는 것입니다.

A부장 : 그렇다면, 현재 국내 기업들이 CS경영을 통해 달성하고자 하는 것은 무엇이라고 생각하십니까?

C원장 : 글쎄요. … 실은 저도 그것이 무척 궁금합니다. 실제로 저는 CS경영 활동을 통해 경제적 성과를 추구한다는 국내 기업을 아직은 관찰하지 못했습니다. 이러한 개인적인 관찰에 기반해서 추측해 보면, 많은 국내 기업들은 경쟁사가 CS경영 또는 CS를 강조하고 있으니 따라서 하는 것은 아닌가 하는 생각이 듭니다. 또는 어느 기관에서 업종별로 CS조사를 통해 개별 기업의 CS수준을 측정하여 순위발표를 하고 상도 주고 하니, 1위가 된 기업은 대형 배너(Banner)를 회사 건물에 붙이면서 기업을 홍보하는 것이 기본 목적이 아닌가 하는 생각도 듭니다. 국내 기업들의 CS활동에 대한 또 한 가지 이슈를 언급한다면, CS점수에 대한 해석입니다. 대부분의 국내 기업은 전반적 만족도나 개별 CS요인(CS Driver)에 대하여, 예를 들어, 10점 척도로 측정한 후 100점 만점의 CS점수로 환산하여 CS수

준을 계량화하고 점수로 표시하고 있습니다. 그런데 이 CS점수를 어떻게 해석해야 하는지 모르겠습니다. 예를 들어, CS점수가 100점 만점에 75점이라면 이 CS수준은 무슨 의미를 주고 있는지 모르겠습니다. 그리고 작년에 CS점수가 72였다면, 올해는 지난해에 비해 3점 상승했다는 것인데, 이 3점의 CS점수 상승은 또 어떻게 해석을 해야 하는지, 아니면 이는 어떤 실질적인 변화를 나타내는지가 명확하지 않습니다. 그리고 CS점수를 계속적으로 높여야 하는지, 아니면 이 정도면 되는지를 판단할 수 있는 기준이 없어, 무엇을 어떻게 해야 하는지에 대해서도 혼란스럽게 느껴집니다. 더욱이, CS점수가 높아진다면 무엇이 달라진 것인지도 잘 모르겠고, CS점수와 경제적 성과의 연계가 뚜렷하지 않으니 CS의 개선이 과연 어떠한 변화를 가져오기에 기업이 CS를 개선해야 하는지도 분명하지 않습니다. 가까운 경쟁사의 CS점수가 74로 나타나 그 경쟁사의 CS점수보다 1점 높다면, 이것은 또한 무슨 의미가 되는지 모르겠습니다. CS점수에 있어서 그 정도의 격차라면 과연 통계적인 유의성이 있는지 또 이 정도 격차면 좋은 것인지 아니면 격차가 더 커야 하는지에 대한 기준이 없어 무슨 행동을 취해야 하는지가 명확하지 않습니다. 그리고 무엇을 어떻게 얼마나 경쟁사보다 잘해서 이런 CS결과가 나왔는지도 알기가 어렵습니다. 이러한 문제점들이 국내 기업들이 실제로 행하고 있는 CS경영의 실태를 나타내 준다고 할 수 있을 것입니다. 이런 이유로 서두에 제가 국내 기업들의 CS경영은 겉돌고 있다라는 표현을 했던 것입니다. 그리고 외국 기업들의 CS경영은 이와는 분명히 다르다는 것도 강조하고 싶습니다.

A부장 : 국내 기업들의 CS경영에 대한 박사님의 지적은 많은 공감이 가는 말씀입니다. 이러한 말씀을 들어보니, 겉돌지 않는 CS경영을 추진한다는 것이 더욱더 어렵게 느껴지고, 한편 솔직히 무엇을 어떻게 시작해야 할지 막막해지기도 합니다. 여하튼, 올바른 CS경영을 실행하기 위해서는 현행 CS프로그램들의 문제점들을 충분히 이해하고 많은 고민과 노력을 경주해야겠다는 생각이 듭니다.

1. 고객만족에 대하여

얼마전 "고객만족(Customer Satisfaction)이란 무엇이라고 생각하십니까?"라는 질문을 여러 기업의 직원들에게 물어본 적이 있다. 놀랍게도 십인십색의 답변이 나왔다. 이 결과는 그만큼 사람마다 고객만족에 대한 인식이 다르고 정의가 명확하지 않다는 것을 말해 준다고 하겠다. 동시에 이는 고객만족에 대해 올바르고 명확한 정의가 필요하다는 것을 시사한다고 하겠다. 따라서 개인이 가지고 있는 막연한 개념으로 인해 생길 수 있는 혼돈을 줄이고 일관된 논의를 전개하기 위해 여기서는 먼저 고객만족에 대한 정의를 생각해 보고자 한다. 고객만족을 정의하기 위해 일련의 고객활동을 몇 가지 단계로 나누어 생각해 보자.

i) 고객 니즈(Needs)의 인식단계

고객은 자신의 구체적 필요 또는 해결해야 하는 문제를 인식하게 되면 이를 해결하기 위한 수단[1]을 시장에서 찾게 된다.

ii) 탐색단계(Search Stage)

이 탐색단계에서 고객은 자신의 니즈(needs)를 충족시켜 줄 수 있는 여러 대체안에 대한 정보를 수집한다. 수집된 정보를 통해 고객은 필요를 충족시킬 수 있는 상품들을 인지하게 될 뿐 아니라 관심도 갖게 되고 구매를 위해 평가를 하게 된다. 때론 직접 시용(Trial)해 보기도 하며 평가를 통해 구매를 위한 고려대상이 되는 상품군(Consideration Set)을 형성하게 되어 마침내 구매단계에 이르게 된다.

---

1) 수단이란 상품이나 서비스는 물론 고객을 위한 프로그램, 정보, 혜택 등 고객의 니즈를 충족시킬 수 있어 고객이 가치를 느끼는 것을 의미한다. 그러나 여기서는 논의를 단순화하기 위해 상품으로 통칭하고자 한다.

iii) 구매단계(Purchase Stage)

구매를 위한 고려대상이 되는 상품들에 대해 고객은 개별 상품들의 가치를 주요 구매인자(Buying Factor)에 비추어 평가하게 되고 이에 따라 구매결정이 이루어진다. 이와 동시에 고객은 구매한 상품의 가치 평가에 따라 그 상품에 대해 일정수준의 기대[2](Expectation)를 갖게 된다.

iv) 사용단계(Usage Stage)

일단 구매를 하게 되면 고객은 상품을 직접 사용하는 사용단계에 접어들게 된다. 고객은 구매한 상품을 사용하면서 그 상품이 미충족되었던 고객의 니즈를 어느 정도 충족시키는지를 느끼고 실제로 경험하게 된다. 물론 이 사용단계에서 갖게 되는 경험이란 단순한 물리적 상품의 성능을 통한 니즈충족 정도뿐 아니라 상품과 관련된 서비스 등을 포함하여 전반적인 경험을 말한다. 이러한 사용경험

---

2) 고객은 구매한 상품/서비스를 사용해 보고 구매하기 전에 가졌던 기대보다 더 좋으면 만족을 느끼는 반면 기대보다 못하면 실망하고 불만족을 느끼게 된다. 이와 같이 구매 전에 갖고 있던 고객의 기대수준은 고객만족에 직접적인 영향을 준다. 그런데 고객이 갖게 되는 기대수준은 새로운 정보나 경험에 따라 달라지게 된다. 동일한 제품의 성능이나 동일한 서비스의 품질이 유지된다 하더라도 시간이 지나면서 그 수준의 품질에 익숙해 지면 상대적으로 고객의 기대수준이 높아지게 될 수 있으니, 기대 대비 고객만족은 더 낮게 평가될 수도 있기에 고객만족을 결정하는 데 고객의 기대수준은 매우 중요한 변수라는 것을 강조하고자 한다.

을 구매시 가졌던 기대치와 비교하여 고객은 상품의 만족 정도를 평가하게 된다. 고객이 느끼고 경험했던 상품의 니즈충족 정도가 기대치보다 낮으면 불만족으로 나타나고, 반면 기대치보다 높으면 고객은 만족하게 된다. 이러한 구매 후 상품평가(Post-purchase Evaluation)는 고객이 갖게 되는 전반적 만족도로 나타나고 이는 결국 그 고객의 재구매에 중요한 의사결정요인이 된다.

v) 재구매단계

구매해서 상품을 사용하다 보면 상품노후, 고장, 심리적 싫증 등 여러 이유로 상품의 구매주기에 따라 교체해야 하는 시점이 오게 마련이다. 재구매를 결정하게 될 때 고객은 당연히 사용해 온 상품의 전반적 만족도를 고려할 것이다. 만일 그 상품에 대한 만족도가 높다면 고객은 같은 상품을 다시 찾아 재구매하게 될 가능성이 그만큼 높아질 것이다. 고객만족이 중요한 이유는 바로 이 때문이고 그래서 많은 기업이 고객만족을 위해 노력하고 있는 것이다.

위에서 논의한 이러한 고객의 활동을 니즈 인식단계, 탐색단계, 구매단계, 사용단계, 고객만족에 영향을 받게 되는 재구

그림 I-1 고객의 소비활동단계와 고객만족

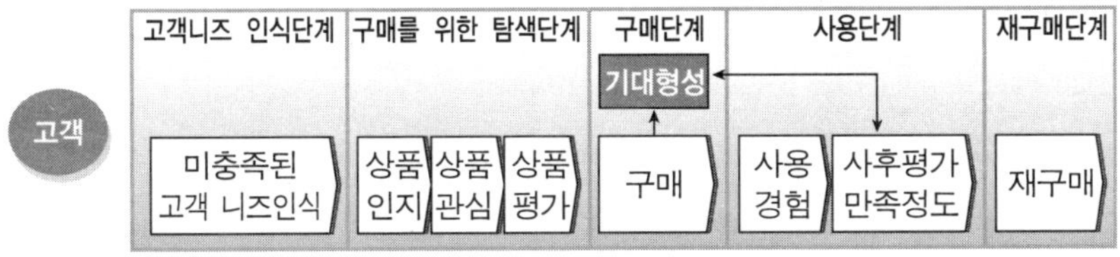

매단계로 나누어 [그림 I-1]에 가시화해 보았다.

[그림 I-1]에서와 같이 여러 단계로 나누어 본 소비활동에서 고객은 선택한 상품을 실제 사용해 보고 그 상품에 대한 기대 대비 실제성과(Actual Product Performance)를 평가하게 된다. 구매 후 하게 되는 이러한 평가를 통해 갖게 되는 만족 정도를 고객만족이라 할 수 있다. 여기서 한 가지 꼭 언급하고자 하는 것은 고객만족은 정도 또는 수준의 문제이지 만족한다/안한다로 양분되는 것은 아니라는 것이다. 따라서 앞으로 전개할 논의에서 사용하고자 하는 고객만족의 개념을 다음과 같이 정의한다.

> 고객만족이란 상품이나 서비스를 구매하여 사용해 본 후 평가를 통해 고객이 갖게 되는 만족 정도라 할 수 있다.

2. 고객만족의 가치제안

어느 업종에서든지 시장을 둘러싼 환경은 늘 변화하고 있고, 이에 따라 시장도 역시 변하게 된다. 특히 최근에는 기술의 발전이 보편화되어 공급자가 과거보다 더 쉽게 시장에 참여할 수 있게 되었고, 이는 시장에서 상품의 다양화로 이어졌다. 이렇게 시장에서 다양한 상품을 접하게 되자 소비자들은 선택의 폭이 넓어지고 사람의 본능적 욕구인 다양성을 추구하게 되었다. 이러한 시장의 변화는 시장의 힘을 생산자/공급자인 기업에서 구매자인 소비자 고객들로 이동시켰다. 이로 인해 시장에서는 고객의 선택 대상이 되는 기업 간의 경쟁이 더욱 심화되었다. 이러한 경쟁이 심화되는 상황이 지속되는 가운데 많은 업종의 시장은 신규매출의 여지가 점차 줄어들고 성장이 둔화되어 가는 성숙기에 접어들게 되었다. 이러한 시장의 성숙은 기업경영의 패러다임 변화를 초래하게 되었다. 과거 많은 산업이 초기 성장단계였던 과거에는 마케팅의 역할이 주로 초기 판매에 집중되어 전개되었다. 초기 시장단계에서 같은 업종에 속해 있는 기업들은 전체시장의 확장과 함께 생산을 늘리고 신규판매 증가 형태로의 고객획득을 통해 성장하는 데 주력했다. 성장을 위해 기업은 무엇을 어떻게 하여 잠재고객들이 구매를 하게 할 것인가, 즉 처음 구매하는 고객을 어떻게 늘려갈 것인가에 역점을 두어 왔다. 그러나 시간이 지남에 따라 한번도 구매를 안한 잠재고객의 수는 자연히 줄어들게 되어 시장이 성숙기에 접어들게 되었다. 이러한 성숙기에 접어든 시장에서 기업은 신규고객의 획득이 점점 더 어려워지거나 감당하기 어려울 정도로 비용이 증가하는 포화상태에 직면하게 되었다. 이에 따라 기업이 초기 구매고객을 늘려 성장하고자 하는 전략은 자연 한계에 도달하게 되었다. 동시에 성숙기에 접어든 시장을 살펴보면, 경쟁사의 수나 대체할 수 있는 경쟁상품이 많이 존재하여 경쟁이 심화되어 있는 것이 일반적인 특징이다. 이렇게 잠재고객의 고갈과 다양한 경쟁상품이나 경쟁사 간의 심화된 시장경쟁으로 인해 기업은 성숙기의 시장에서는 재구매 형태로 기존고객을 유지하는 것이 더욱 중요하다는 것을 인식하게 하였다. 산업의 성숙과 더불어 경쟁이 심화되는 시장의 성숙단계에서는 신규고객의 획득도 중요하지만 기존고객을 유지하지 못하면 이로 인해 생기는 고객이탈로 인해 기업의 생존도 어렵게 될 수 있는 것이다.

많은 업종의 시장이 성숙해 감에 따라 고객획득과 고객유지에 관해 많은 연구들이 진행되었고, 1980년대 후반에 미국의 TARP(Technical Assistance Research Programs)라는 조사회사에서 기업의 많은 관심을 끌게 한 획기적인 연구결과를 발표하게 되었다.

• **신규고객을 획득하는 데 드는 비용이 기존고객을 유지하는 데 드는 비용의 5배 정도 된다.**

이렇게 고객획득 비용과 고객유지 비용에 대해 계량화된 연구결과가 보여주는 것은 이미 대체상품이 많고 경쟁이 심화된 성숙된 시장에서는 신규고객 획득비용은 감당할 수 없을 정도로 높아져 전략적 선택이 되기 어렵다는 것이다. 반면, 기존고객을 유지하는 데 드는 비용은 상대적으로 신규고객 획득비용보다 낮으므로 비용관점에서 기존고객의 유지가 적절한 전략적 선택이 될 수 있다는 것을 말해 주고 있다. 따라서 포화된 시장에서 경쟁하고 있는 많은 기업들은 기존고객의 유지가 전략적으로 더욱 중요하다는 인식을 하게 되어 새로운 패러다임을 갖게 되었다.

고객이 느끼는 만족수준이 기대보다 못하여 상품을 구매했던 기업으로부터 다시 구매하지 않는다면, 그 기업에게는 고객이탈이 생기게 되고, 결국은 고객을 영원히 잃게 될 수도 있다. 이런 고객이탈이 생겨난다면, 그 기업은 그 이탈고객이 다시 구매할 만큼의 매출이나 이익의 감소를 겪게 될 것이다. 많은 대체상품이 있어 선택의 폭이 넓은 성숙기의 시장에서는 고객이탈이 더욱 쉽게 발생할 수 있는데, 이탈하는 고객들은 바로 매출/이익의 직접적인 감소를 의미한다. 더욱이 생존을 위해 경쟁하는 기업에게는 이러한 이탈고객이 많이 생기면 생길수록 매출/이익은 그만큼 감소할 것이고 기존고객의 이탈이 지속된다면, 이는 과히 기업의 생존을 위협하는 것이 될 수도 있는 것이다. 반면, 기존고객을 만족시키면 재구매할 가능성이 높아지므로 고객만족은 기업의 미래 경영성과를 높여줄 수도 있는 것이다. 이러한 관점에서 보면, 고객만족은 기업의 미래를 보여주는 선행지표라 할 수 있고, 동시에 기업의 장기적 성공을 위한 열쇠가 될 수도 있다. 그러므로 고객만족의 핵심 가치제안(Value Proposition)은 다음과 같이 정리해 볼 수 있겠다.

> 구매하여 사용한 고객이 만족한다면 고객은 그 상품 또는 서비스를 다시 찾아 재구매하게 될 것이므로, 고객만족을 통한 고객유지는 경영성과와 직결된다.

이러한 고객만족의 가치제안은 기업이 왜 고객을 만족시켜야 하는가에 대해 분명한 답변을 제시한다. 기업들이 이렇게 고객만족의 중요성을 인식하면서 미국에서는 유통, 금융, 텔레콤, 보험 등을 포함하여 수많은 업종에서 앞다투어 고객만족을 위한 프로그램을 만들어 실행하게 되었다. 국내 기업의 경우에는 고객만족경영이 본격적으로 추진되기 시작한 것은 1990년대 중반 이후가 아닌가 생각된다. 이 무렵 국내 기업들은 고객유지에 대한 중요성을 인식하게 되었고, 외국 기업에서 실행되고 있는 고객만족프로그램들을 벤치마킹하거나 배우면서 고객만족경영을 도입하기 시작했다. 특히, 경쟁이 심화되어 이미 레드 오션이라고 할 수 있는 업종의 국내 기업들이 먼저 기존고객을 유지하기 위해 고객만족경영을 전략적 차별화 수단으로 도입하였고, 이러한 기업들을 중심으로 빠르게 확산되었다.

고객만족경영의 도입과 더불어 기업이 얻을 수 있는 것은 시장의 변화에 대응하여 고객중심적인 사고방식을 기업의 구성원들이 갖게 된 의식변화라 할 수 있다. 과거에 기업이 가지고 있던 기술중심적 또는 상품중심적 사고(Mindset)에서 고객중심적 사고로의 의식전환이야말로 고객만족경영을 통해 얻게 된 가장 근본적인 변화라고 할 수 있다. 고객이 왜 중요한가에 대한 인식으로부터 출발하여, 시장경쟁에서 우위를 점하기 위해서는 고객에 대한 이해와 지식이 절대적으로 중요하고 필요하다는 인식이 생겨나기 시작했다. 더욱이, 이렇게 중요한 고객들을 만족시키지 않고서는 장기적으로 기업의 성장은 고사하고, 날로 경쟁이 심화되는 시장에서 생존도 어려워질 것이라는 기업의 내부구성원의 인식이 고객만족경영 도입을 통해 자리 잡게 된 것이다.

3. 고객만족경영의 프레임워크

앞에서는 경쟁이 심화된 오늘날의 시장에서 기업이 고객만족에 관심을 갖게 되는 이유를 고객만족의 가치제안을 통해 설명해 보았다. 여기서는 기업이 고객만족경영을 도입하여 경영성과를 개선하고자 한다면, 어떠한 프레임워크(Framework) 안에서 생각하고 추진해야 하는지를 논의해 보고자 한다. 구체적으로 고객만족경영에 대한 다음 두 가지 질문을 중심으로 논의를 전개하여 고객만족경영의 프레임워크를 가시화해 보고자 한다.

- 고객만족경영은 무엇을 위해 어떤 목적으로 실행되어야 하는가?

- **또한 고객만족경영의 실행, 즉 무엇을 어떻게 해서 고객을 만족시켜 재구매하게 할 것인가?**

무엇보다도 먼저, 고객만족경영은 무엇을 위해 어떤 목적으로 실행되어야 하는가라는 질문을 생각해 보자. 이 질문에 대한 답변이 명확하지 않다면, 고객만족경영은 성공하기 어렵다고 생각한다. 무슨 일을 하든지 목적이 명확하지 않으면 실행 후 잘되었는지를 판단할 수 있는 기준이 없어 성공이라는 결과를 얻기가 어렵다. 따라서 올바른 고객만족경영을 위해서는 달성하고자 하는 목적이 명쾌하게 설정되어야 한다. 앞에서 논의한 것과 같이 수많은 대체상품이 경쟁하고 있는 성숙된 시장에서 기업이 장기적으로 생존하기 위해서는 신규고객 획득만으로는 불충분하므로 기존고객을 유지해야 한다. 이를 위해 기업은 고객을 만족시켜야 재구매하게 될 것이라는 고객만족의 가치제안을 수용하여 고객만족경영을 도입하게 되었다. 그러므로 기업이 고객만족경영을 통해 달성하고자 하는 목적은 기본적으로 재구매 형태로의 기존고객 유지이다. 또한 만족한 고객들은 자신이 재구매하는 것은 물론 주위의 다른 사람에게도 추천하는 경향이 있으므로 만족한 고객들의 추천을 통한 신규고객의 획득도 가능하다. 이렇게 본다면, 고객만족경영의 목적은 바로 다름 아닌 재구매 형태의 기존고객 유지와 만족한 고객의 추천을 통한 신규고객 획득이라고 할 수 있다. 기존고객의 유지는 재구매를 가져오고, 추천을 통한 신규고객 획득은 신규구매를 가져올 수 있기에 고객만족경영의 성과는 바로 기업의 재무적 성과와도 직결될 수 있어, 고객만족경영은 궁극적으로 경영성과를 개선할 수 있는 것이다.

둘째, 그렇다면 고객만족경영의 실행, 즉 무엇을 어떻게 해서 고객을 만족시켜 재구매하게 할 것인가? 이 두 번째 질문에 대한 답변을 찾기 위해서는 기업이 활동을 취해야 하는 고객만족인자들과 그 결과로 나타나는 고객만족수준, 고객의 기대, 그리고 재구매행위(Repurchase Behavior) 사이의 인과관계를 고려해야 한다. 고객만족에 영향을 줄 수 있는 인자는 여러 가지 다양한 형태로 존재한다. 일반적으로, 고객만족인자는 품질, 디자인, 가격과 같은 상품관련 변수, 문의응대나 고장수리 등과 같은 서비스관련 변수, 그외에 기업이미지와 같은 심리적 변수 등으로 기업이 어느 정도 직접 통제할 수 있는 변수들이다. 기업은 이러한 고객만족인자에 활동을 집중하여 개별 인자를 통해 고객이 느끼게 되는 상품/서비스 성과를 높임으로써 고객만족을 높이는 결과를 얻고자 한다.

위의 두 가지 질문에 대한 답변과 더불어 고객만족에 관련된 기본 이론을 정리해 보면,

- 고객만족은 다양한 고객만족인자(CS Driver)들에 의해 영향을 받는다.
- 고객만족은 고객이 경험이나 정보에 기반하여 형성해 온 기대(Expectation) 대비 실제로 사용하면서 인지된 상품/서비스의 성과(Performance)에 따라 달라진다.
- 이렇게 나타나게 되는 고객만족의 결과는 고객의 재구매 행위(Repurchase Behavior)에 영향을 준다.

이러한 고객만족에 대한 기본적 이론과 고객만족의 가치제안을 결합하여 고객만족경영의 프레임워크를 [그림 I-2]에서 가시화해 보았다. 이 책에서는 고객만족경영의 논의를 이 프레임워크 내에서 전개하고자 한다.

[그림 I-2]에서 제시된 고객만족경영의 프레임워크는 기업이 고객만족경영을 통해 달성하고자 하는 것은 기본적으로 기존고객을 만족시켜 다시 구매하거나 추가구매하도록 하게 함으로써 고객을 유지하고자 하는 것이라는 것을 보여주고 있다. 이와 더불어 만족한 고객들은 주위 사람들에게 추천을 하는 경향이 있으므로 기존고객의 추천을 통한 신규고객의 획득

그림 I-2 고객만족경영의 프레임워크

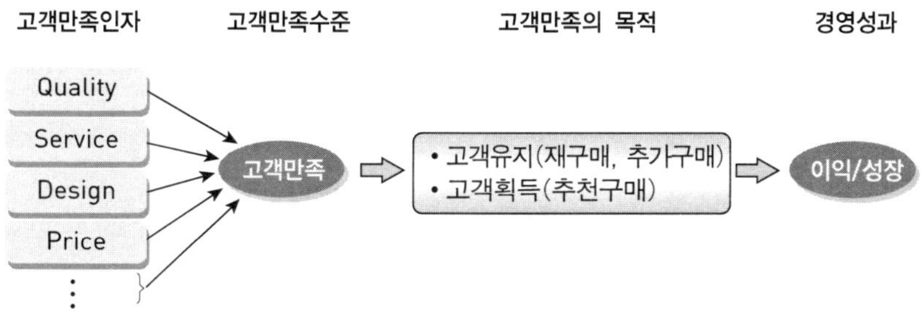

도 고객만족의 추가적인 목적이 될 수도 있다. 이러한 목적을 위해 고객의 만족을 높이는 실행면에서 기업은 고객만족에 영향을 주는 고객만족인자를 찾고 이러한 인자에 개선활동을 집중하여 고객의 전반적 만족도를 높임으로써 목적을 달성하고자 한다. 고객만족활동을 통해 이러한 기존고객 유지와 추천을 통한 신규고객 획득이라는 목적이 달성된다면 궁극적으로 기업이 추구하는 경영성과는 자연스럽게 동반될 것이다.

위의 [그림 I-2]에 나온 고객만족경영의 프레임워크를 실질적으로 구체화하기 위해서는 먼저 목적의 달성여부를 판단할 수 있도록 측정가능한 목적변수를 정해야 한다. 가능하면 정량적인 측정단위로 측정이 가능하여 사후적으로 평가를 할 수 있게 측정가능한 변수로 목적을 정하는 것이 필요하다. 또한 고객의 만족에 영향을 주는 다양한 고객만족인자들과 전반적 만족도 간의 인과관계를 계량적으로 파악할 수 있어야 실행을 위한 우선순위를 설정할 수 있다. 이러한 실행의 우선순위는 인자의 상대적 중요도와 현재수준이라는 두 가지 기준으로 설정되는 것이 일반적이다. 이렇게 무엇을 어떻게 하여 고객의 만족을 높일 것인지 또 어떠한 실행의 우선순위로 고객만족활동을 전개할 것인지에 대한 답변을 찾기 위해 많은 경우 고객만족을 위한 계량적 모델을 구축하여 사용하고 있다. 고객만족활동을 실행으로 옮긴 후에 고객만족성과를 측정하고 계량적 모델에 기반한 분석을 통해 개선안을 도출하여 지속적으로 실행하게 된다. 이러한 고객만족의 개선을 위한 지속적 활동이 궁극적으로 어떻게 고객만족의 목적이 되는 재구매행위로 이어지는지를 [그림 I-2]에 있는 고객만족경영의 프레임워크를 통해 볼 수 있다.

결국, 기업이 고객만족을 통해 기존고객을 유지함으로써 고객이탈과 이로 인해 생겨날 손실을 막아, 기업의 경영성과를 지키거나 높이고자 하는 것이 고객만족경영의 기본적인 목적이라고 할 수 있다. 그리고 고객만족 그 자체가 기업의 궁극적인 목적이 아니고, 오히려 이러한 목적달성을 위한 수단이라는 것을 강조하고자 한다.

Ⅱ. 고객만족경영의 실태와 문제점들

고객만족경영은 1980년대 말 또는 1990년대 초부터 폭발적으로 많은 산업에 걸쳐 확산되었다. 고객만족경영은 기업에게 고객만족을 통해 기업이 얻을 수 있는 것에 대해 호소력 있는 가치제안을 제공했다. 동시에 고객만족경영은 고객에게도 구매한 상품이나 서비스에 대해 만족이라는 형태의 가치를 제공하고자 한다. 그렇기에 고객만족경영은 기업과 고객에게 함께 승리할 수 있는 기업경영방식으로 인식되어 여러 업종에서 급속도로 도입되었고 현재까지도 많은 기업에서 실행하고 있다. 그런데 고객만족경영을 실행하고 있는 기업의 직원들을 대상으로 가졌던 여러 강연이나 세미나에서 필자는 다음과 같은 질문들을 듣곤 했다.

■ "CS, 그거 왜~ 중요합니까? 돈이 안 되는 것 같은데요."

- "저희 회사는 고객만족 1위 몇 번 해봤는데 그거 별거 아닌 것 같습니다. 고객만족 1위 했다고 뭐 크게 달라지는 게 있습니까?"
- "고객만족 1위가 진정 가져다주는 게 뭡니까? 그저 홍보를 위한 것 정도 아닙니까?"
- "CS점수, 점수하는데 그거 무턱대고 올릴 수도 없고, 뭐 몇 점까지 해야 된다는 게 있습니까?"
- "요즘은 만족하고 있다는 고객도 떠나는데, 그러면 CS가 무슨 소용 있습니까? 아니면 이것은, 이런 현상은 무엇이 문제입니까?"
- "고객만족에서 얻을 수 있는 경제적 효과라는 게 있습니까? 있다면, 그건 무엇이고 또 어떻게 계량화하여 측량할 수 있습니까?"
- "CS프로그램의 비용이 보통 드는 것이 아니고 또한 계속 증가하고 있는데 비용 대비 효과 같은 것 측정할 수 없습니까?"
- "고객만족! 그거 정말 고객이탈을 막거나 재구매를 유도하는 데 효과가 있는 겁니까? CS 말고 딴 것 하면 더 효과적일 수 있지 않을까요?"
- "저희는 여러 해 동안 CS프로그램을 실행해 왔는데 제대

로 하고 있는지 모르겠습니다. 어떻게 하면 제대로 하는 겁니까?"

- "경쟁사에서도 CS를 하고 있는데, 그렇다면 CS를 통한 차별화라는 게 진정 가능한 얘기입니까? 아니, CS가 전략적 차별화 수단이 될 수 있는 겁니까?"

이러한 질문들은 고객만족경영 전반에 대해 또는 현행 고객만족 프로그램에 대해 상당히 부정적인 시각을 보여주고 있다. 위의 질문들은 또한 현행 고객만족 프로그램들이 많은 문제점을 내포하고 있고, 기대했던 고객만족경영의 결과가 나타나지 않고 있다는 것을 시사한다고 할 수 있다. 그렇다면, 이론적으로는 별로 하자가 없어 보이는 고객만족경영은 무엇이 문제인가? 우선, 고객만족경영을 도입하여 활동하는 기업들의 현황을 살펴보자. 고객만족경영을 추진하고 있는 기업은 정기적으로 고객만족 서베이를 실시하여 전반적 고객만족도와 고객만족의 개별 인자에 대한 만족도를 계량화된 척도를 이용하여 점수로 측정한다. 이렇게 수집된 데이터에 계량적인 고객만족 모델을 적용하여 개별 인자와 전반적 고객만족도 사이의 인과관계를 밝혀보고, 개선영역과 개선점을 도출하여 개선을 위해 실행으로 옮기고 있다. 또한 기업들은 동일 업종 내의 고객만족점수에 의한 순위를 중심으로 자사의 고객만족활동 성과를 평가하곤 한다. 이러한 고객만족활동이 일반적으로 볼 수 있는 기업들의 고객만족경영 실태라고 할 수 있다. 기업들의 이러한 고객만족경영의 실태에 대해 필자가 관찰하고 인식한 문제점들을 구체적으로 살펴보고자 한다.

1. 전사적으로 공유되어야 할 고객만족경영의 프레임워크 부재

앞 장에서 언급한 바와 같이 고객만족경영은 상품/서비스를 구매하고 사용해 본 고객, 즉 기존고객을 만족시킴으로써 추구하는 기업의 목적을 달성하고자 하는 경영이라고 할 수 있다. 고객만족을 중심으로 기업이 기존고객을 대상으로 그들을 만족시킴으로써 얻고자 하는 것은 앞에서 제시한 [그림 I-2]에서 볼 수 있듯이 크게 두 가지이다. 하나는 재구매(또는 추가구매)의 형태로 기존고객을 유지하는 것이다. 다른 하나는 만족한 기존고객들이 사용해 본 상품/서비스를 잠재고객들에게 추천할 수 있으므로, 구전을 통해 발생할 수 있는 추천구매 형태로 신규고객을 획득하는 것이다. 그런데 고객만족경영을 실행하고 있는 기업들의 고객만족활동을 관찰해 보거나 그 기업들의 직원이 설문에 응답한 내용을 보면, 고객만족경영은 누구를 대상으로 하며 왜 하는지에 대한 분명한 이해나 뚜렷한 의식이 없는 경우가 적지 않다. 한 가지 예로 어느 기업의 직원들을 대상으로 필자가 실시한 설문조사에서 고객만족경영은 어떠한 것이고 왜 하는가를 질문한 적이 있는데, 놀랍게도 응답자마다 상이한 답변이 나왔다. 나온 답변 중에는 고객만족은 고객서비스 부서가 하는 것이라거나, 고객만족은 상품품질을 높이는 것이라거나, 심지어 고객만족을 왜 추구해야 하는지 모르겠다라는 응답도 포함되어 있었다. 이는 고객만족경영의 출발점이 되어야 하는 기본 개념이나 프레임워크가 없거나, 있더라도 전사적으로 공유되지 않고 있다는 것을 말해준다고 하겠다.

성공적인 고객만족경영이 되려면, 무엇보다도 먼저 고객만족활동의 주체가 되는 기업의 구성원들 사이에 추진하고자 하는 고객만족경영이란 어떤 것인지에 대한 정의가 명확해야 한다. 그리고 이 고객만족경영이 왜 필요한지, 안하면 왜 안 되는지, 또 이것은 과거의 하던 일과는 어떻게 다른지에 대해 명확한 커뮤니케이션이 되어 전체 구성원들이 함께 나아가야 할 방향을 명확히 제시해 주어야 한다. 또한 고객만족경영을 통해 달성하고자 하는 것은 구체적으로 무엇이고, 이를 위해 구성원들이 무엇을 어떻게 하여야 하는지를 보여주는 기본 원리와 프레임워크가 제시되고 공유되어야 한다. 그러나 고객만족경영을 도입하여 추진하는 기업 중에 이러한 기본틀도 없이 실행하는 기업이 대부분이라고 생각된다. 실행하고자 하는 기업의 경영층이나 내부구성원들이 고객만족경영에 대한 확신과 필요를 절실히 느끼고 잘 준비하여 추진하기보다는, 어쩌면 주위에서 또는 경쟁사가 하니까 따라하는 것이 아닌가 하는 생각이 든다. 현행 고객만족경영의 실태를 보면, 경쟁사나 타 기업에서 하듯이 정기적으로 고객에게 서베이를 실시하여 얻은 주관적 평가를 바탕으로 고객만족점수를 측정하고 경쟁사/경쟁상품과 비교하여 평가하고 점수면에서 앞서기 위한 노력을 경주하고 있는 것이 실상이다. 여기서 분명히 강조하고자 하는 것은 경쟁사보다 높은 고객만족점수를 얻는 것이 고객만족경영을 통해 달성하고자 하는 것은 아니다라는 것이다. 이같이 고객만족이란 무엇이고 고객만족활동이 무엇을 위한 것인지 보여줄 수 있는 고객만족경영의 프레임워크가 없다면 내부구성원들은 개념과 당위성을 명확히 알 수가 없어 혼란스러울 수밖에 없다. 따라서 기본 개념과 프레임워크 없이 실행되는 고객만족경영은 실체가 분명하지 않아 구호에 그칠 수밖에 없어 겉돌게 될 것이다.

2. 구체적으로 설정된 목표가 없어 겉돌고 있는 고객만족경영

어느 기업에서 고객만족을 담당하는 실무진들과 얘기를 나눌 기회가 있었는데 그때 했던 대화 중 일부분을 소개하고자 한다.

[그림 I-2]에서 고객만족경영의 기본 프레임워크를 통해 볼 수 있듯이, 고객만족경영의 기본 목적은 기존고객들이 재구매/추천구매를 하도록 유도하여 고객을 유지하고자 하는 것이다. 성공적인 고객만족경영이란 주어진 목적/목표를 달성한 고객만족활동이라 할 수 있다. 그런데 고객만족경영을 통해 달성하고자 하는 목적이 명확하게 정해져 있지 않다면, 과연 고객만족경영의 성과를 어떻게 평가할 수 있을까? 설정된 목적이나 구체적 목표도 정해지지 않은 채 고객만족활동을 한다면 사후적으로 나타나는 결과를 평가할 수 있는 기준이 없기 때문에 고객만족경영의 성과를 평가하기가 어려울 것이다. 그렇기 때문에 고객만족경영을 통해서 달성하고자 하는 구체적 목적/목표는 반드시 갖춰져야 할 고객만족경영체계의 하나가 된다. 실질적으로 목표가 달성되었는지, 달성되지 않았다면 목표와 실행결과 사이에는 어떤 격차가 있는지, 그 격차의 원인

필자 : … 지금 추진 중인 고객만족경영 전반에 대해 실무자로서 어떻게 평가하십니까?

L부장 : 당사에서는 지난 수년간 고객만족경영을 추진하면서 열심히 하느라고는 했는데 잘 안 되었던 것 같습니다. 그런데 무엇이 문제인지도 잘 모르겠습니다.

필자 : 그러면 고객만족경영을 통해 달성하고자 하는 목적은 무엇입니까?

L부장 : 목적이요? 글쎄요. 전사의 중점추진전략으로 '고객감동경영의 심화' 라는 것이 있기는 한데… 우리가 어떻게 시작하게 되었지? 글쎄 뭐 고객만족도 1위라는 것 한번 해보고 상도 타보려고 했던 것 같기도 한데, 솔직히 명확하진 않습니다.

필자 : '고객감동경영의 심화' 요? 그렇다면 '고객감동' 이란 고객의 어떤 상태를 말하는가요?

L부장 : 글쎄요. 질문을 받고 보니 좀 … 별로 생각을 안해 본 것 같네요. 그렇지만 고객만족경영을 하는 이유는 고객만족점수를 높이고자 하는 것이 아닌가요?

필자 : …

은 무엇인지, 개선을 위한 해결방안을 찾기 위해서도 구체적 목표가 사전에 설정되어 있어야 한다. 다시 말하면, 성공적인 고객만족경영을 하기 위해서는 고객만족경영의 목적이 되는 재구매(또는 추가구매) 또는 고객유지 등을 나타낼 수 있는 지표로 목표가 설정되어야 한다. 이러한 고객유지/이탈에 관련된 실체에 기반한 지표는 기존고객의 실제 행위를 나타내는 거래데이터 중심으로 측정될 수 있다. 그런데 기업들이 현재 실행하고 있는 고객만족경영의 실상을 보면, 측정가능한 형태의 고객유지(또는 고객이탈) 목표조차도 설정되어 있지 않은 경우가 대다수이다. 고객만족활동을 하고 있는 대부분의 기업은 명확한 목표도 없이 그냥 고객들의 만족도를 높이기 위해 상품이나 서비스 등의 고객만족의 개별 인자에 노력을 집중하고 그 결과를 서베이를 통해 측정하고 있다. 서베이를 통해 얻는 기존고객들의 주관적 반응에 기반한 고객만족점수나 최근에는 NPS(Net Promoter Score)[3]라는 지표를 중심으로 자사의 고객만족수준을 평가하고 있는 경우가 대부분이다. 그런데 이러

---

3) Frederick F. Reichheld(*Harvard Business Review*, 2003)는 기존의 고객만족점수와 실제 고객의 행동 간의 상관관계는 낮다는 분석결과에 기반하여 고객만족점수는 고객 로열티 측정법으로 적절하지 못하다고 주장했다. 더 나아가 그는 여러 실험을 통해 실제 고객의 반복구매행동이나 추천행동과 높은 연관성을 보이는 지표는 바로 추천가능성(Likelihood of Recommendation)이라는 것을 발견하고 대체적 측정지표로 NPS(Net Promoter Score)를 제시했다.

한 서베이데이터는 실제 행위를 보여준다기보다는 서베이 시점에서 고객의 상태나 행동가능성 또는 의향을 나타내 주는 것이기에 실제 행위와는 격차가 있어 목표변수로 설정하기에는 미흡한 부분이 많다. 또한 표본추출의 문제, 설문형태의 이슈, 측정척도의 이슈, 점수 해석의 문제 등등 서베이데이터가 본원적으로 가지고 있는 한계로 인해 서베이데이터에 기반한 점수는 목표변수로서 적절하지 않다고 생각한다. 그리고 기업의 고객만족을 위한 노력으로 고객만족점수 그 자체를 높일 수는 있겠지만, 실질적인 경영성과의 개선과는 거리가 있을 수 있다. 그러므로 고객만족경영은 고객만족점수 측정을 넘어, 기업이 궁극적으로 추구하는 경영성과를 제고할 수 있도록 목표를 설정하고 실행되어야 할 것이다.

그런데 서베이데이터를 통해 얻는 고객만족점수나 NPS가 갖고 있는 본원적 한계에도 불구하고 대다수의 기업들이 이러한 측정변수를 사용하는 이유는 무엇일까? 필자의 기억으로는 고객만족경영이 처음 등장하게 된 시점은 1980년대 말이라고 생각된다. 그 당시에는 컴퓨터기술 또는 데이터의 저장/처리기술이 오늘날과 같이 향상된 수준이 아니어서 기업의 거래시스템에서 수집/저장될 수 있는 거래데이터를 추출하여 쉽게 활용할 수 없었다. 따라서 이러한 환경하에서 고객만족도를 손쉽게 측정할 수 있는 방법은 당연히 기존고객의 표본을 추출하고 그들에게 서베이를 실시하여 이들로부터 얻는 응답을 데이터로 고객만족점수를 측정하는 것이었다. 이러한 활용이 반복되다 보니 고객만족도를 측정하는 방법으로서 서베이데이터를 기반으로 한 고객만족점수가 정형화된 프랙티스로 정착되었다. 그러나 최근에는 컴퓨터와 관련기술이 급속히 발전되어, 모든 기존고객에 대한 거래데이터가 기업의 기간계시스템에서 자동적으로 수집/저장된다. 이러한 거래데이터를 기반으로 고객만족경영의 목표변수가 될 수 있는 고객유지율/고객이탈률 정도는 쉽게 측정될 수 있다. 바로 이러한 관점에서 이제 고객만족경영은 오히려 CRM(Customer Relationship Management)경영으로 진화해야 한다고 주장하고 싶다. 이같이 고객만족을 높이기 위해 아무리 많은 노력을 기울였다고 해도 고객만족경영의 구체적 목표와 성과를 올바로 나타낼 수 있는 지표가 사용되지 않는다면, 고객만족활동은 겉돌 수밖에 없을 것이다. 그렇기에, 이렇게 서베이데이터에 기반한 전통적인 고객만족점수나 NPS로는 고객만족경영의 성과를 올바로 측정하는 데는 한계가 있으므로 진정 고객의 의향이 아닌 행동을 측정하는 방향으로 바뀌어야 할 것이다.

3. 효과적인 실행을 위해 갖추어야 할 경영요건과 체계의 미비

기업이 품질경영, 브랜드경영, 디자인경영, 고객만족경영, 고객경험관리, 고객관계관리(Customer Relationship Management) 등 어떤 경영을 도입하든 효과적으로 추진하고 성공적인 결과를 얻기 위해서는 필요한 경영체계가 갖추어져야 한다. 실행을 지원할 수 있는 경영체계에는 보통 달성하고자 하는 구체적 목표, 실행전략, 실행솔루션, 실행프로세스, 성과측정체계, 성과/보상프로그램, 교육/훈련, 내부 커뮤니케이션, 추진 담당/전담 조직, 제도적/문화적 요건, 시스템 인프라스트럭처 등이 포함된다. 고객만족경영도 절대 예외가 될

그림 II-1 고객만족경영 체계의 예시

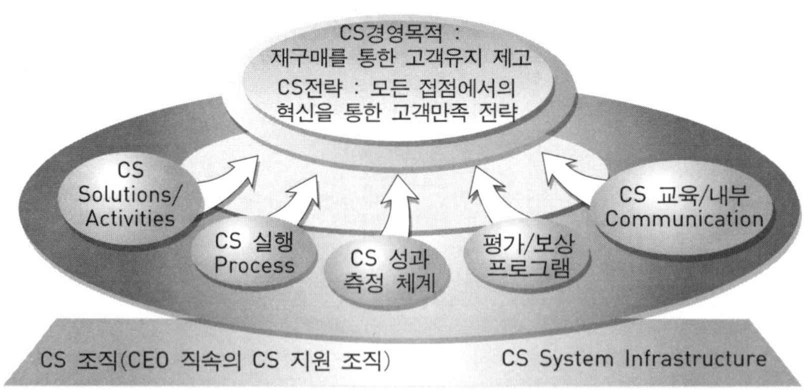

수 없다.

고객만족경영은 고객을 만족시킴으로써 고객이 재구매(또는 추가구매/반복구매) 형태로 계속 거래하도록 유도하여 고객을 유지하고 이를 기반으로 장기적인 성장을 이루고자 하는 데 그 핵심이 있다. 그러므로 고객만족경영을 통해 기대하는 성과를 내기 위해서는 [그림 II-1]에서 예시로 제시된 것과 같은 고객만족활동을 위한 경영체계가 갖추어져야 한다.

고객만족경영에 있어서 무엇보다도 중요한 구체적 실행목표를 중심으로 고객만족전략, 고객만족을 위한 실행솔루션, 실행프로세스, 성과측정체계, 성과에 따른 보상프로그램, 고객만족활동을 위한 교육/훈련과 내부 커뮤니케이션, 고객만족경영의 추진 또는 전담 조직, 시스템 인프라스트럭처가 잘 갖추어진 경영체계가 구축되어야 한다. 일단 고객만족경영의 구체적 목표가 설정되면, 어떻게 목표에 도달할 것인가를 보여주는 실행전략(Actionable Strategy)이 마련되어야 한다. 전략이란 무엇을 어떻게 해서 정해진 목표를 달성할 것인가에 대한 실행 방향과 길을 제시하는 것이라 할 수 있다. 그리고 실행전략을 수립한다는 것은 목표달성을 위해 일관성 있게 전개할 최적의 활동경로를 선택하는 것이다. 이러한 실행전략을 수립할 때에는 기업이 처해 있는 환경하에서 달성하고자 하는 목표와 기업이 가지고 있는 자원과 역량과 같은 내부적 요소와 고객, 경쟁사 등을 포함한 외부적 요소를 감안하여 최적의 활동경로를 선택해야 한다. '모든 접점에서의 혁신을 통한 고객만족전략' 등과 같이 고객만족경영을 위한 실행전략의 예를 [그림 II-1]에 제시해 보았다.

이렇게 전략이 수립되면 이에 따라 일관성 있게 실행이 전개될 수 있는 고객만족 솔루션 또는 프로그램들이 만들어져야 실행으로 옮길 수 있다. 고객만족 솔루션이란 무엇을 하여 설정된 고객만족경영의 목표를 달성할 것인가에 대한 답변으로서 목표에 맞게 계획된 활동들을 말한다. 예를 들어, 품질개선 프로그램, 커스터머 케어 프로그램(Customer Care Program), 고객 커뮤니케이션 프로그램, 혁신적 신제품, 프리미엄서비스 지원 프로그램, 로열티 프로그램, 접점관리 개선, 고객경험관리 프로그램 등 고객의 만족을 높일 수 있는 다양한 형태의 고객만족 솔루션이 가능하다. 고객만족 솔루션 개발과 관련하여 한 가지 언급하고자 하는 것은 솔루션을 실행할 대상이 되는 고객을 명확히 하고 가능하면 맞춤형 솔루션을 개발하는 것이 필요하다는 것이다. 대부분의 고객만족 솔루션은 획일적으로 모든 고객들을 대상으로 개발되어 실행되는 것이 실상이다. 하지만, 고객들은 동일하지 않고 고객만족을 느끼는 요인면에서 차이가 있는 것이 현실이다. 그렇다면 획일적인 고객만족 솔루션보다는 가능한 고객세분화를 통해 고객의 차이를 밝혀내고 고객만족 솔루션을 이에 맞게 세그먼트별로 개발하는 것이 목표달성을 위해 보다 효과적일 것이다.

고객만족경영의 목표달성을 실행할 고객만족 솔루션이 개발되면 그다음 구축되어야 하는 것은 바로 실행 프로세스이다. 실행프로세스는 준비된 고객만족 솔루션들을 어떻게 실행할 것인가에 대한 답변을 제시한다. 고객만족경영은 일회성으로 끝날 것이 아니고 지속적인 개선을 위해 활동이 반복되어야 하므로 실행을 위한 프로세스가 갖추어져야 효율적으로 진행될 수 있다. 개발된 고객만족 솔루션을 실행할 때 일련의 실행절차가 체계적으로 설계된 프로세스가 없다면 실행하는 개인에 따라 과정이 달라질 수 있으므로 결과도 차이가 날 수밖에 없다. 이렇게 실행하는 사람에 따라 과정이 달라지는 것을 통제하고 기대하는 결과를 시행착오를 줄여 효과적으로 얻기 위해서는 실행을 인도하는 실행프로세스가 구축되어야 한다. 이를 위해 고객만족 솔루션을 실행하기 전에 여러 가지 실험이나 시행을 통해 실행시 발생될 수 있는 문제점을 미리 파악하고 효율적으로 실행할 수 있는 활동단계를 설계하여 프로세스를 갖추도록 해야 한다.

이와 더불어 고객만족경영의 실행이 올바로 관리되기 위해서는 실행결과를 측정하고 개선점을 찾는 부분도 고객만족경영 체계에 반드시 포함되어야 한다. 기업에서 어떤 활동을 실행하더라도 성과를 측정할 수 없다면 관리할 수 없고, 따라서 개선을 기대하기도 어렵다. 이를 위해 실행 전부터 목표는 어떤 측정단위나 측정형태로 설정하고, 실행성과는 얼마나 자주 어떻게 어느 기간 동안 측정하고 분석해 나갈 것인지에 대한 면밀한 준비가 필요하다. 목표와 결과를 측정할 수 있는 측정체계, 즉 측정단위, 측정척도, 측정방법, 측정주기, 측정주체 등이 구체적으로 만들어져 체계적인 관리가 될 수 있어야 한다.

다른 것도 마찬가지겠지만 기업에서 새로운 경영활동을 전개할 때 지속적으로 성과를 내도록 실행이 되려면 경영진의 확신과 강한 추진의지가 필수적이다. 경영진의 결정과 더불어 고객만족경영도 전사적으로 힘 있게 추진되려면 경영진의 실행의지가 여러 가지 형태로 가시화되어 추진을 뒷받침해야 한다. 경영진의 실행의지를 가시화하고 이를 내부구성원과 커뮤니케이션하기 위해서는 무엇보다도 추진을 담당하는 전담부서가 만들어져야 한다. 또한 이를 지원하기 위해 필요한 자원을 배분하고 실행을 뒷받침할 수 있는 시스템 인프라스트럭처가 구축되어야 한다. 또한 제도적으로도 이러한 고객만족활동의 성과를 평가하는 지표도 명확히 하고 성과에 대한 보상프로그램도 적절히 설정하여 내부구성원에게 실행을 위한 동기를 부여해야 한다. 이렇게 기업의 경영진은 설정한 방향으로 조직의 내부구성원들이 활동을 집중하도록 일에 대한 역할과 책임(Roles and Responsibilities)을 부여하고 실행을 위한 여건을 마련해 주어야 한다. 또한 고객만족경영을 도입하여 실행을 시작할 때는 특히 실행을 위해 내부구성원들에게 필요한 교육이나 훈련을 시켜야 한다. 기업의 내부구성원이 고객만족활동을 잘한다면 이는 선천적으로 잘하게 된 것이 아니라 많은 정신교육과 실무교육을 통한 훈련과 동기부여가 가져온 결과라는 것도 유념해야 한다.

이렇게 기업이 고객만족경영을 통해 달성하고자 하는 목표를 위해 실행할 때는 위에서 논의한 전반적 경영체계가 잘 갖추어져야만 효과적인 실행이 가능하게 되어 성공적인 결과가 나올 수 있다. 필자의 경험에 비추어 보면, 고객만족경영을 위해 이러한 요건들이 잘 갖추어져도 실행상의 예기치 못했던 여러 어려움으로 성공적인 결과를 얻기는 쉽지 않다고 생각한다. 그런데 현재 고객만족활동을 하고 있는 대다수의 기업들은 이러한 경영체계가 매우 미비한 실정이기 때문에, 고객만족경영이 잘 되기 어렵고 그래서 성공사례가 드물다고 생각한다. 특히, 절대 다수의 국내기업들은 이러한 경영체계의 필요성을 인식조차도 못한 채 고객만족점수 측정정도로 개선활동을 하여 수박 겉 핥기식의 고객만족활동이 되므로 결국 실패하기 쉽다.

4. 고객만족도의 측정과 해석에서의 이슈

측정할 수 없는 것은 관리될 수 없어 개선이 어렵다라는 기업경영활동에 있어서의 기본 원리는 고객만족경영에서도 예외가 아니다. 따라서 고객만족경영하에 전개되는 활동들의 성과를 점검하고 지속적인 개선을 이루어 나가기 위해서는 반드시 결과를 측정하고 해석하여 개선점을 도출해야 한다.

현재 이러한 고객만족활동의 성과 측정은 대다수 기업의 경우에 기존고객을 대상으로 한 고객만족서베이를 통해 수집한 주관적 평가를 100점 척도로 환산한 고객만족점수 형태로 이루어지고 있다. 일반적으로 고객만족점수는 기존고객을 대표할 만한 표본집단을 선정하여 이들에게 설문을 통해 전반적 만족도와 고객만족을 주도하는 개별 요인들에 대한 만족도를 측정한다. 현재 자주 사용되는 측정척도는 5점, 7점, 10점, 11

점 척도 등이고, 개별 고객의 만족도 질문에 대한 응답을 데이터로 수집한다. 이렇게 수집된 개별 고객 만족도 점수들의 평균을 내고 이를 다시 100점 척도로 환산하여 최종적인 고객만족점수를 산출한다. 여기서 생각해 볼 부분은 과연 고객만족도를 측정하는 데 사용하는 질문과 응답 척도가 고객이 응답하기에 용이하고 적절하며, 고객의 관점에서 구성된 것인가 하는 것이다. 측정하려는 개념과 이에 대한 질문이 고객이 정확히 구분하거나 명확히 답변하기 쉬운 질문이 아닐 경우가 많다. 미국의 ACSI(American Customer Satisfaction Index)나 국내의 NCSI(National Customer Satisfaction Index) 등의 조사에서 볼 수 있는 것과 같이 전반적 만족도(Overall Satisfaction), 기대불일치(Confirm/Disconfirm Expectation), 그리고 동일업계에서 이상적인 상품/서비스 대비 만족수준(Performance versus the Customer's Ideal Product/Service in the Category) 등에 대한 질문들은 고객들이 쉽게 답변할 수 있는 질문이 아니라고 생각된다. 필자들이 고객만족조사를 실시하며 직접 관찰할 수 있었던 것은, 고객에게 전반적 만족도에 대해 묻게 되면 전반적 만족도에 대해서만 응답하는 것이 아니라 고객은 자연스럽게 가지고 있던 기대치와 비교하여 기대 대비 만족도에 대한 응답을 준다는 것이었다. 또한, 이상적인 상품/서비스 대비 만족수준에 대한 질문에 대해서는, 이상적인 상품/서비스에 대한 개념은 개인마다 다르고 명확하지 않아 응답자도 자신 있게 답변하지 못하는 경우도 많았다. 만족도 질문과 더불어 측정을 위해 많이 사용되는 척도를 보면, 5점 척도일 경우에는, 일반적으로 5점은 매우 만족, 4점은 만족, 3점은 보통, 2점은 불만족, 1점은 매우 불만족으로 각각의 점수가 나타내는 의미를 부여하기는 한다. 그런데 예를 들어, 10점 척도의 경우에는 개별 점수마다 그 의미가 명확하게 기술되어 있지 않은 것이 일반적이다. 이런 척도를 사용하는 경우에는 응답자가 되는 고객이 4점과 5점 또는 7점과 8점의 차이를 정확하게 구분하기가 쉽지 않다. 이렇게 고객만족도를 측정하는 데 사용되는 질문이나 척도가 때로는 지나치게 고객의 관점보다는 응답데이터의 활용 관점이나 측정자의 관점 또는 측정하려는 기업의 관점에서 구성되고 있지는 않은지 살펴볼 필요가 있다. 고객이 쉽게 이해할 수 있도록 고객의 관점에서 질문과 척도가 만들어지지 않는다면, 고객들은 고객만족 설문에 정확히 응답할 수 없으므로, 결국 측정이 부정확하게 되어 측정오차가 커질 수밖에 없을 것이다.

고객만족점수의 산출은 개별 고객의 만족도를 수집하고, 이를 다시 100점 척도로 환산한 후 평균을 내는 과정을 통해 이루어진다. 이렇게 산출된 평균점수를 고객만족활동 결과의 측정치로 사용하는 것은 과연 적절한가? 예를 들어, 올해 고객의 만족도 평균점수가 82점이라면 이는 어떤 의미가 되는가? 실제로 해석은 가능한가? 그리고 지난 해의 점수가 80점이었다면, 지난 해 대비 올해 2점이라는 고객만족점수의 증가는 무엇을 의미하며, 어떤 실질적인 변화를 나타내는가? 더욱이, 고객들의 응답평균으로 나타나는 고객만족점수가 높아진다는 것은 평균점수가 높아진다는 것인데, 평균의 증가면 충분한가? 고객만족점수인 평균이 높아진다 하더라도, 불만족하다고 응답한 고객의 수, 분포, 그리고 그들의 불만족 정도의 분포는 실제로 더욱 악화될 수도 있는 것이다. 그러므로 고객만족점수로 사용되는 평균점수만을 고려할 것이 아니라 이와 더불어 개별 고객들의 만족도 분포를 함께 고려하여 평가하는 것이 필요하다고 생각한다.

또 한 가지 언급하고자 하는 것은 서베이를 통해 얻은 고객만족점수가 고객만족경영의 목표가 되어야 하는 재구매를 직접 나타내 주지 못하고 있다는 것이다. 대개 고객만족서베이에서는 보통 전반적 만족도, 재구매의향, 그리고 추천의향을 묻는 질문을 포함한다. 그런데 이러한 질문의 응답으로 얻는 서베이데이터는 서베이 시점까지 고객의 주관적 판단에 기반한 의향을 나타낸다. 이것이 의미하는 것은 서베이 시점에서 만족했다고 하더라도 서베이 시점 이후에 과거와 다른 경험이나 불만이 생기게 되면 얼마든지 달라질 수 있다는 것이다. 그리고 전반적 만족도가 높다는 것은 어떤 수준이 되어야 하는지 또는 어떤 상태가 되어야 하는지가 명확하지 않을 수 있다. 또한 재구매의향과 추천의향은 그 자체가 의향이지 실제로 반드시 재구매하고 추천하는 실제행위를 보여주지는 않는다. 왜냐하면 기본적으로 설문에 응답하는 고객들은 향후에 재구매 시점이나 추천시점에 당면하게 될 모든 제약조건이나 경쟁사 판촉으로부터 얻는 기회나 오퍼(Offer)를 설문시점에 예측하거나 감안하여 응답하지 못하기 때문이다. 따라서 설문에 대한 응답으로 얻는 고객들의 재구매의향이나 추천의향은 그 자체가 설문시점에서 고객이 갖고 있는 생각일 따름이지 그 이상으로 확대 해석하거나 응답고객의 결정으로 간주해서는 안 될 것이다. 이것은 설문을 통해 얻는 서베이데이터가 가지고 있는 근본적인 한계라고 할 수 있는데, 한 가지 예로 [그림 II-2]를 통해 살펴보자.

위의 [그림 II-2]는 고객만족서베이에 응답한 고객들을 1년간 추적하여 서베이데이터로부터 얻은 그들의 재구매의향과 거래데이터를 통해 수집한 실제 재구매행위를 함께 보여주고

그림 II-2 어느 유통회사 고객의 재구매의향과 실제 재구매율

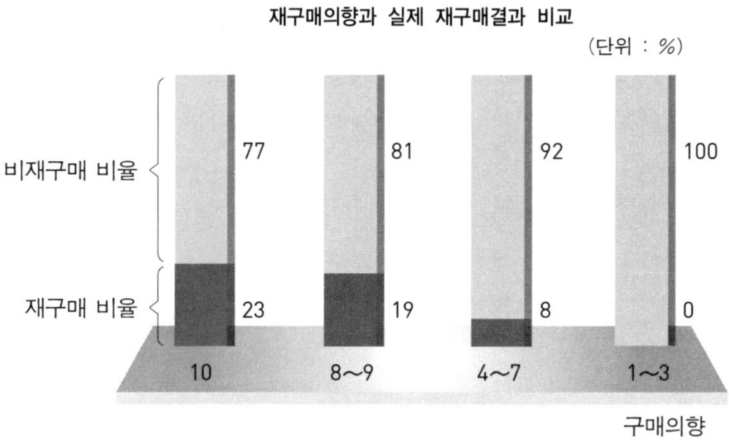

재구매의향 평가척도 :
10 = 반드시 다시 구매할 것이다.
1 = 절대로 다시 구매 안할 것이다.

재구매비율은 서베이 실행 후 12개월 동안 재구매한 고객비율
(관찰기간 : 1998년 7월~1999년 6월)

있다. 여기서 특이한 것은, 10점 척도에서 10점으로 반드시 다시 구매하겠다라는 의향을 보인 고객 중에 향후 1년간 실제로 재구매하는 고객비율이 23% 정도밖에 안 된다는 것이다. 이 결과가 시사하는 것이 바로 고객들의 재구매의향과 실제 재구매행위는 다를 뿐만 아니라 큰 격차가 존재한다는 것이다. 재구매뿐 아니라, 초기구매에 있어서도 고객들의 구매의향과 실제 구매행위 사이에 뚜렷한 차이가 있다는 사실은 여

러 연구(Nagle, Holden and Holden, 2002)를 통해 이미 잘 알려져 있다. 재구매의향이 표현되는 서베이 시점과 실제 재구매행위가 이루어지는 시점이 다르기 때문에 여러 가지 이유로 재구매의향과 실제 재구매행위는 얼마든지 달라질 수 있다. 서베이 설문에 응답할 시점에 고객이 반드시 재구매할 정도로 만족하여 반드시 재구매하겠다고 답변했다 하더라도, 이 응답이 향후 실제 재구매 상황에서 접할 모든 변화를 충분히 예측하여 나온 것은 아닐 가능성이 높다. 기대하지 않았던 신제품의 출시, 예상치 못했던 호소력 있는 경쟁사의 판촉행사 또는 응답자의 구매능력이나 소득의 변화 등에 의해 실제 재구매 의사결정은 영향을 받게 마련이다. 따라서, 설문조사 시점에서 고객이 표현하는 재구매의향은 실제 재구매행위와 다를 수밖에 없다. 결국, 고객들이 서베이 시점에서 보여준, 반드시 다시 구매하겠다는 의향이 꼭 그대로 실제 재구매행위로 나타나는 것은 아니라는 것이다. 동시에 위의 [그림 II-2]에서 보여주는 결과는 서베이데이터가 제공하는 정보와 거래데이터가 제공하는 정보는 많이 다르다는 것을 보여주며 이와 더불어 고객만족도를 측정하기 위해 현재 사용되는 서베이데이터의 활용한계를 지적해 주고 있다. 그러므로 여기서는 고객만족경영의 목적이 되는 실제 기존고객의 재구매는 고객만족도나 재구매의향을 나타내는 서베이데이터로만은 불완전한 측정밖에 되지 못하기에 추가적인 데이터로 보완적인 측정이 필요하다고 하겠다.

현재 고객만족경영을 도입하여 실행하는 대부분의 기업에서 서베이데이터에 기반한 고객만족점수를 광범위하게 사용하고 있지만, 앞에서 논의한 바와 같이 서베이데이터에 기반한 고객만족점수로 고객만족경영의 목적이 되는 기존고객들의 실제 재구매행위를 예측하는 것은 근본적인 한계를 가지고 있다. 결국 고객만족점수는 실제 재구매행위를 직접적으로 측정하는 것이 아니기 때문에, 고객만족점수로는 고객만족경영의 목적인 만족을 통한 실제 재구매를 측정하는 데 미흡함에 틀림이 없다.

5. 고객만족점수 활용면에서의 이슈

고객만족서베이를 통해 산출되는 고객만족점수는 크게 두 가지 부분에서 주로 활용되고 있다. 고객만족활동의 성과평가가 한 부분이고, 다른 하나는 후속활동을 위한 개선점 도출이다.

먼저, 성과평가에 활용하는 부분을 보면, 기업들은 지난 기간 대비 고객만족활동의 성과 변화나 같은 기간 동안 경쟁사 대비 고객만족 성과를 비교하여 평가하는 데 고객만족점수를 자주 사용한다. 때로는 경쟁사 대비 고객만족점수가 관련 경영진 또는 실무자들의 성과평가에 반영되어 보상과 연동되기도 했다. 그런데 고객만족점수를 평가에 활용하게 되면 피평가자가 고객만족점수에 민감해질 수밖에 없어, 자칫하면 실질적인 개선보다 점수만을 높이는 데 활동이 치중되는 경향이 나타날 수도 있다. 실제로, 진정 고객을 만족시키려는 것보다는 높은 고객만족점수를 얻으려는 여러 가지 형태의 왜곡된 피평가자의 행동들이 실제로 관찰되고 있고 앞으로도 얼마든지 재현될 수 있다고 생각한다. 예를 들어, 어느 기업에서는 서비스를 제공한 후 고객만족점수를 후하게 줄 고객들을 찍어 고객만족평가를 받기도 한다. 또는 고객들에게 높은 고객만족점수를 달라고 부탁/호소/강요하는 서비스 직원들이 있다는 것은 이미 잘 알려진 사실이다. 이러한 행태가 계속된다면 고객에게 오히려 불쾌감과 부담을 주게 되며, 이는 오히려 고객만족에 역행하는 것이 된다. 실상, 이러한 왜곡으로 인해 고객만족점수를 올바로 얻는 것이 쉽지 않다. 따라서 이러한 부작용이 통제될 수 없다면, 자사의 고객만족점수를 경쟁사와 비교하여 고객만족활동의 성과를 평가하고 이에 따라 주어지는 보상은 바람직하지 않다고 본다.

고객만족점수의 또 다른 활용면을 보면, 고객만족서베이를 통해 얻게 되는 전반적 만족이나 개별 요인 만족에 대한 점수는 개선영역, 구체적 개선점, 그리고 개선활동을 위한 우선순위를 도출하는 데도 자주 활용된다. 전반적 고객만족도 점수를 종속변수로 하고 고객만족을 주도하는 개별 요인들을 독립변수로 설정하여 구축되는 계량 모델을 통해 이들 간의 인과관계와 개별 요인들의 효과를 정량적으로 밝혀낸다.

이러한 모델을 통해 얻어지는 개별 요인들의 현 수준(때로는 경쟁사와의 격차수준)과 상대적 중요도에 대한 정보를 [그림 II-

그림 II-3 고객만족 요인의 현 수준과 중요도 사분면(예시)

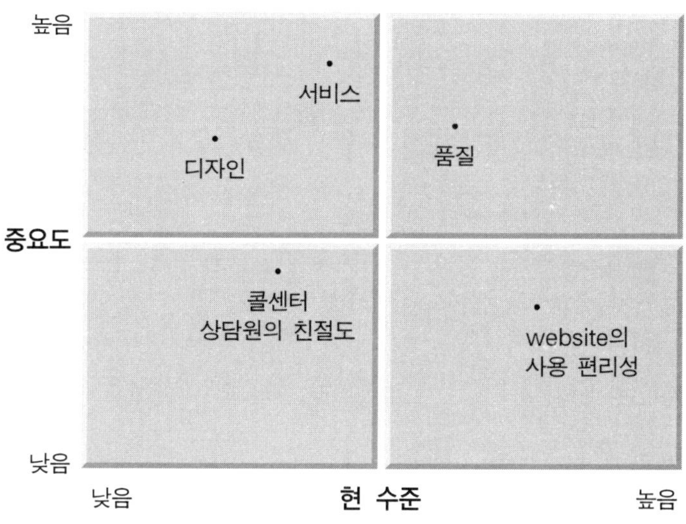

3]에서와 같이 2차원의 공간에 사분면으로 나누어 실행을 위한 우선순위를 설정하고 이에 따라 개선활동이 전개되곤 한다. 이때, 보통은 상대적으로 중요도가 높고, 현 수준은 낮은 고객만족요인들을 중심으로 개선을 위한 우선순위를 설정하여 실행으로 옮기게 된다. 그런데 여기서 활용되는 고객만족 계량 모델을 보면, 많은 경우 모든 고객은 동일하다는 암묵적인 가정하에 총량적 모델(Aggregate Model)을 주로 사용하여 개선점을 도출한다. 이런 모델의 문제점은 고객들의 불만족 요인은 다를 수 있기 때문에 모델의 기본 가정이 현실적이지 못하다는 것이다. 그러므로 실상에 맞게 세그먼트별 또는 가능하다면 개별 고객에게 적절한 개선점을 찾아 실행하는 것이 실제로 시행착오나 개선비용을 줄일 수 있을 뿐 아니라 효과적일 수 있다. 따라서 의미 있는 개선점 도출을 위해 총량적 모델로 접근하는 방법은 수정이 필요하다. 추가적으로, 고객만족경영을 하고 있는 수많은 기업들이 개선활동의 우선순위를 설정하기 위해 활용하고 있는 [그림 II-3]과 같은 분석도구도 보완이 필요하다. [그림 II-3]에 있는 분석도구는 고객만족 개별 요인의 상대적 중요도와 현 수준을 기준으로 우선순위를 설정하게 된다. 하지만 이 과정에서 앞의 두 가지 변수 못지않게 실행상의 용이성, 실행을 위해 필요한 비용(자원/시간),

기업의 전략적 차별화 요소, 그리고 자사의 역량 등이 현실적으로 중요하게 고려되어야 하는데 그렇지 못한 경우가 적지 않다. 이러한 변수들이 충분히 고려되지 못한다면, 실행상의 우선순위가 비현실적이거나 잘못 설정될 가능성도 배제할 수 없다.

개선점 도출에 관련된 또 한 가지 이슈는 고객만족을 위한 계량적 모델에서 종속변수가 전반적 고객만족도이므로 모델을 통해 도출되는 개선안은 결국 전반적 고객만족점수를 높이는 데 초점이 맞추어져 있다는 것이다. 다시 말하면, 이러한 분석과 노력을 통해 기업은 현 수준이 낮은 요인에 대한 개선점을 찾아 실행하여 고객만족점수를 높이려 하는 것이 된다. 그런데 과연 고객만족점수가 높아지면 기존고객의 재구매/추가구매가 늘고 고객이탈률이 줄어 고객유지율이 개선될 수 있을까? 하나의 예로, 서비스업종에 속한 어느 기업의 고객만족점수와 고객유지수준을 보여주는 고객이탈률을 연도별로 〈표 II-1〉에 정리해 보았다.

표 II-1 | 서비스업에 속한 어느 기업의 전반적 고객만족점수와 고객이탈률

	2004년	2005년	2006년	2007년
전반적 고객만족점수	63.05	63.07	64.05	55.24
고객이탈률(월평균/%)	1.85	2.51	2.85	3.63

〈표 II-1〉이 보여주는 데이터는 4년 동안의 고객만족점수와 같은 기간의 고객이탈률을 보여주고 있다. 데이터가 충분하지 않아 아직은 일반화하기 어려운 측면이 있다. 하지만 최소한 이 관찰기간 동안에 고객만족점수와 고객이탈률 간에 기대되는 부(負)의 상관관계가 뚜렷해 보이지 않는다. 이는 고객만족점수가 높아진다는 것이 반드시 고객의 이탈률을 줄여 고객유지수준이 개선된다는 것은 아닐 수 있다는 것을 시사한다. 고객만족경영의 가치제안이 시사하는 것과는 달리, 고객만족점수는 높아졌지만 오히려 기업의 시장점유율이나 매출/이익과 같은 재무성과는 악화된 사례도 어렵지 않게 발견된다. GM자동차(Reichheld, 1996)와 Volvo자동차(Dahlsten, 2003)의 경우를 보면, 고객만족점수와 동일업계 내에서의 순위는 상승했지만 시장점유율이나 이익은 오히려 감소했다. 이러한 사례를 통해서도 볼 수 있듯이, 고객만족경영의 목적이 고객만족점수의 개선만으로 이루어질 수 있는 것이 아니라는 점이 더욱 명확해진다고 할 수 있겠다. 따라서 고객만족활동이 고객만족점수에 치중된 개선활동이 되는 함정에 빠지지 않도록 고객의 재구매라는 분명한 목표 설정과 이에 맞는 측정체계의 구축이 강조되어야 할 것이다.

6. 만족한 고객은 왜 재구매하지 않고 이탈하는가?

기업은 상품/서비스를 구매하여 사용해 보고 만족한 고객이라면 다시 구매할 것이라고 기대하기에, 동시에 구매를 하지 않아 사용해 보지 못한 고객에게 고객만족은 별반 의미 있는 일이 아니라고 생각하므로 고객만족경영을 주로 구매 후 고객의 사용단계에 초점을 맞추고 고객만족을 높이고자 한다. 기업은 고객이 사용하면서 느끼게 되는 상품의 품질, 접점에서 접하게 되는 고객서비스, 그리고 고객을 향한 커뮤니케이션 등과 같이 어떤 형태로든 고객과의 접촉에서 고객만족을 높일 수 있는 요인을 중심으로 개선활동을 해 오고 있다. 이러한 노력을 통해 많은 기업에서는 실제로 고객만족도 수준도 많이 개선되었고 만족한 고객수도 늘어났을 것이다. 그러나 기업이 기대하는 것과 같이 고객이 만족한다면 과연 이탈하지 않고 다시 구매하는 것일까? 어느 연구결과(Reichheld, 1996)에 의하면, 미국의 자동차산업의 경우에는 업계의 90% 정도의 고객이 사용하고 있는 제품에 대해 만족하거나 매우 만족한다고 하는데, 실제 재구매율은 30~40% 정도 수준에 머무르고 있다고 한다. 또한 업종에 따라 다르지만 여러 업종에 걸친 조

| 표 II-2 | 서비스업에 속한 어느 기업의 전반적 고객만족도와 고객이탈

전반적 고객만족도 평가	유지고객	이탈고객	합계
• 전혀 만족하지 않는다	2	0	2
• 만족하지 않는 편이다	35	35	70
• 보통이다/반반이다	76	61	137
• 만족하는 편이다	222	133	355
• 매우 만족한다	7	5	12
합계	342	234	576

주 : 전반적 만족도 점수 평균 3.53

사에 의하면, 이탈하기 바로 전에 실시한 고객만족서베이에 의하면 보통 60~80% 정도의 이탈고객들은 만족했거나 매우 만족했다고 응답했다고 한다.

국내에서 어느 서비스기업이 이탈고객을 대상으로 조사한 만족도 서베이데이터를 분석한 결과도 〈표 II-2〉에서 보는 바와 같이, 이탈고객의 약 59%((133+5)/234) 정도가 만족 또는 매우 만족한 상태였다. 또한 이탈고객 중에 전혀 만족하지 않거나 만족하지 않는 편이라는 고객은 15%(35/234)에 불과하여 이탈고객 중에는 만족한 고객이 불만족한 고객보다 훨씬 많았다는 것도 관찰할 수 있다.

이러한 결과는 고객만족경영의 핵심 가치제안과는 달리, 많은 수의 만족 또는 매우 만족한 고객들이 재구매하지 않고 이탈하고 있다는 것을 보여준다. 그렇다면, 만족한 고객은 왜 다시 구매를 하지 않고 떠나는가? 이 질문에 대한 답을 고객만족경영의 실태를 생각해 보면서, 찾아보도록 해 보자. 고객만족활동을 하고 있는 기업은 구매고객들이 상품/서비스에 대해 전반적인 만족도와 함께 고객만족을 주도하는 개별 요인에 대한 만족도를 측정하고 있다. 고객만족을 주도하는 이들 개별요인은 주로 전반적인 만족도를 높이는 데 관련된 변수들로서, 이 변수들에 대한 개선노력을 실행하면 전반적인 만족도를 높일 수는 있을 것이다. 그러나 전반적인 만족도를 높이는 이러한 개별 요인들이 실제 고객들이 재구매할 때 고려하는 재구매요인과는 다른 것이 실상이다. 고객만족서베이를 통해 얻은 결과를 기반으로 기업이 다루는 고객만족요인은 고객이 재구매할 때 중요시 여기는 요인과는 차이가 있는 것이다. 다시 말하면, 고객의 만족도를 높이는 개별 요인이 실제 재구매할 때 고객이 고려하는 구매요인(Buying Factor)을 포괄하고 있지 못하기 때문에 기업의 고객만족을 위한 활동이 직접적인 재구매요인 중심으로 이루어지지 않고 있다. 그러므로 고객의 재구매를 유도하는 데 있어서는 현행 고객만족활동은 미흡하고 불충분할 수밖에 없다고 할 수 있다. 그렇기에 현행 고객만족점수 중심의 활동을 통해 고객의 만족도 수준을 높이는 것이나 만족한 고객수를 늘리는 것이, 고객의 재구매를 늘려

고객유지를 개선하는 형태로 고객만족경영이 달성하고자 하는 목적과는 별개의 일이 될 수도 있다. 이것이 바로 만족한 고객도 재구매하지 않고 떠나갈 수 있는 이유이고 현재 기업들이 실행하고 있는 고객만족활동의 한계라고 생각한다. 좀 더 구체적인 예를 가지고 생각해 보면, 앞에서 언급한 고객만족 개선을 위한 계량 모델에서는 상품/서비스의 사용단계에서 중요한 상품 속성과 서비스 속성을 중심으로 고객만족을 이끌어 내는 개별 요인을 선정한다. 물론, 재구매 결정단계에서도 이러한 고객만족의 개별 요인도 중요한 고려사항이 될 것이다. 하지만 재구매 결정시점에서 더욱 중요할 수 있는 것은 고객이 직접 접하게 되는 경쟁사들의 신제품 출시, 판촉, 오퍼 등 실제 구매에 직접적으로 영향을 미치는 재구매 결정요인들일 것이다. 따라서 기존에 사용해 오던 제품에 만족은 하지만 실제 재구매 상황에서는 사용단계에서 느꼈던 만족요인 이외에 재구매 결정단계에서 추가적인 재구매요인이 더욱 중요하기 때문에 경쟁사로 이탈하는 고객들이 생겨날 수 있는 것이다. 만족한 고객이 이탈하는 또 한 가지 중요한 이유를 생각해 보면, 인간의 본원적 속성이라고 할 수 있는 다양성 추구경향(Variety-seeking Tendency)에서 찾아볼 수 있다. 다양성을 추구하는 고객이라면 사용단계에서 만족했더라도 과거에 써

보지 않은 다른 상품/서비스를 선택함으로써 다양성을 추구할 수도 있을 것이다. 이런 경우에도, 고객의 만족을 높이기 위해 노력을 경주하는 고객만족의 개별 요인과 재구매를 위해 고객이 고려하는 재구매요인/동기는 다르기 때문에 고객은 만족하더라도 재구매를 하지 않고 떠날 수 있을 것이다. 일반적으로 고객만족활동을 위해 주로 사용되는 고객만족의 개별 요인들이 재구매 결정요인을 모두 포함하고 있지 못하기 때문에 고객만족 개별 요인 중심의 활동은 재구매 유도를 위해서는 충분하지 못하다는 것이다. 물론, 고객만족경영을 하지 않았더라면, 고객만족도나 만족고객의 수가 훨씬 더 낮았을 것이고, 이런 면에서 고객만족의 개선이 어느 정도는 재구매에 효과가 있을 수 있는 것이다. 하지만 고객의 만족도를 높이는 개별 요인들과 고객의 재구매 요인들 사이에 거리가 존재하는 한, 고객만족이란 재구매를 위한 필요조건이 될 수는 있겠지만 충분조건은 되지 못한다. 이것이 바로 고객만족경영의 본원적 한계이고, 고객만족경영이 겉돌 수밖에 없는 이유라고 생각한다.

참·고·문·헌

Nagle, T. Thomas, Holden, Reed K., and Holden, Reed, *The Strategy and Tactics of Pricing: A Guide to Profitable Decision Making* (3rd Edition), Prentice-Hall, 2002.

Ⅲ. 고객만족점수 대체지표로 제안된 NPS

여기서는 로열티 컨설턴트로 잘 알려진 Fred Reichheld가 2003년 말 제안한 새로운 로열티 지표인 NPS(Net Promoter Score)를 소개하고 기존의 고객만족점수를 대체할 수 있는 지표로서의 가능성과 이에 따른 문제점을 논의해 보고자 한다.

1. NPS란 무엇이고 어떻게 등장하게 되었는가?

NPS는 기본적으로 기존고객을 대상으로 한 서베이에서 추천가능성/의향(Likelihood of Recommendation)에 대한 설문 응답으로부터 도출된 지표이다. 이 지표는 부정적 입소문을 낼 만한 고객비율을 긍정적으로 추천할 고객비율에서 뺀 숫자로서 순수 추천 고객비율이 얼마나 되는지를 보여준다.

Reichheld는 이 지표를 제시하면서 서베이에서 묻는 다른 질문과 비교해 NPS가 기업의 성장을 보여줄 수 있는 가장 좋은 예측변수라고 주장한다. 더 나아가 그는 이 한 가지 숫자가 바로 기업이 키워나가야 할 것이라며, 기존의 고객만족점수를 대체하는 지표가 된다는 것을 간접적으로 암시하고 있다. Reichheld는 그의 *Harvard Business Review*(1996) 논문에서 기존의 고객만족점수에 대해 몇 가지 이슈를 제기했다. 그의 연구에 의하면 미국의 자동차업계에서는 전체고객의 90%가 만족하거나 매우 만족한다고 응답하는데 실제로 재구매비율은 30~40% 정도의 수준에 머물고 있다고 한다. 또한 여러 업종에 걸친 서베이를 통해 그가 발견한 것은 이탈고객들 중에 60~80%는 이탈 전에 만족하거나 매우 만족한 상태였다는 것이었다. 이것이 말해 주는 것은 고객만족도에 대한 고객의 평가나 응답은 실제 고객의 행위, 즉 실제 반복구매(Repeat Purchase)나 실제 추천(Referral)과는 관련성이 낮다는 것이다. 이는 바로 기업의 기존고객들이 보여주는 고객만족도에 대한 평가점수가 기업의 성장과 관련성이 낮다는 것을 시사하는 것이다. 이러한 고객만족점수에 대한 불만과 더불어 그는 서베이 문항 중에서 실제 고객의 반복구매행동이나 추천행동과 상관관계가 가장 높은 문항이 무엇인지를 찾기 시작하였다. 그는

Setmatrix라는 Bain & Company의 협력회사의 도움을 받아 금융, 케이블과 전화통신, PC, 전자상거래, 자동차보험, 인터넷 서비스를 포함한 6개 산업의 고객들에게 자신이 만든 로열티 검증 테스트(Loyalty Acid Test)를 실시하였다. 이 테스트에는 '충성도를 보일 만함', '지속 사용 의사 있음', '탁월한 기업이라 평가함', '다시 선택하겠음', '추천하겠음' 등 20여 개의 문항이 포함되어 있다. 서베이 이후에는 응답자들의 실제 구매이력과 그 제품을 다른 사람에게 추천했는지를 추적하였다. 이렇게 모아진 데이터를 분석한 결과, 추천이나 반복구매 등 고객의 실제 행동과 가장 상관관계가 높은 문항을 찾았고 그것이 바로 '추천가능성'이라는 질문이었다. 이에 대해 Reichheld는 고객이 어느 기업과 거래하는 것을 좋아한다면, 주위사람에게 그 기업을 추천하는 것은 자연스러운 일이 됨으로 이는 의미 있는 발견이라고 해석한다(*The Ultimate Question*, 2006, p. 28). 결국, NPS는 개별 고객의 추천가능성을 높임으로써 재구매/반복구매(Repeat Purchase) 또는 추천(Referral)을 통한 구매를 일으키고자 한다. 재구매/반복구매는 기존고객이 이탈하게 되면 잃게 될 매출(Revenue-at-risk)을 잃지 않게 지킬 수 있고, 추천구매는 기존고객의 추천을 통해 신규고객을 획득하여 이를 통해 추가매출을 달성하고자 한다. 이것이 바로 NPS 개선을 통해 얻고자 하는 것이고 이를 통해 궁극적으로 기업의 성장을 달성하고자 하는 것이 NPS를 기반으로 한 성장의 프레임워크라 할 수 있겠다.

2. NPS는 어떻게 측정되는가?

그렇다면, NPS는 구체적으로 어떻게 측정되는가를 살펴보자. NPS를 측정하는 방법은 추천가능성을 묻는 질문, 즉 "거래하시는 회사를 친구나 동료에게 추천할 가능성이 얼마나 있습니까? (How likely is it that you would recommend Company X to a friend or colleague?)"에 대한 응답을 11점 척도에 기반하여 데이터를 얻는다. 이렇게 얻은 개별 고객의 응답을 세 가

그림 III-1 NPS의 측정을 위한 질문, 척도 그리고 응답에 따른 고객분류

Question : "How Likely are you to recommend Company/Product to a friend or colleague?"

Extremely Unlikely — Extremely Likely

0 1 2 3 4 5 6 — Detractors

7 8 — Passively Satisfied

9 10 — Promoters

NPS = % of Promoters - % of Detractors

지 그룹으로 분류한다. 9~10점의 응답고객들은 높은 추천가능성이 있는 고객으로 Promoter라 칭하고, 0~6점까지는 비추천가능 고객으로 Detractor라고 부른다. 중간의 7~8점으로 응답한 고객들은 Passive Customer로 분류한다. 이렇게 분류한 후, 전체고객 중 Promoter 고객비율에서 Detractor 고객비율을 뺀 것이 바로 Net Promoter Score, 즉 NPS가 된다. 이러한 측정방법에 의하면, 모든 고객이 Promoter라는 한 극단의 경우를 생각해 보면 NPS는 최대 가능점수가 100점이 되고, 반면 모든 고객이 Detractor라는 다른 극단에서는 최소 가능점수는 −100점이 된다. 따라서 NPS의 범위는 −100에서 100점까지라고 할 수 있다. [그림 III-1]에서 NPS 측정척도와 응답에 따른 고객분류를 가시화해 보았다.

3. NPS는 왜 기업의 관심을 받고 있는가?

NPS는 등장 이후 세계 유수의 기업에서 자사의 고객지표로 사용되고 있다. 즉 GE, T-Mobile International, Progressive Corporation, AMEX 등 여러 기업들이 자사의 고객 로열티를 측정하는 도구로 NPS를 채택하고 있고, 심지어 NPS점수가 주주에게 보고되기도 한다. 특히 GE에서는 NPS를 다양한 사업부서의 핵심적인 경영관리지표로 활용하고 있고, 심지어 CEO인 J. Immelt는 NPS가 고객과 어떻게 상호작용을 할 것인가에 대한 문화로서 체화되고 있다고 언급한 적이 있다. 그렇다면, NPS가 왜 이처럼 많은 기업으로부터 관심을 받고 있는 것일까? 그 이유를 생각해 보면, 첫째, 기존의 고객만족점수나 여타 고객관련 지표 대비 차별점으로 내세우고 있는 기업의 매출증가와 연관성이 있다고 믿기 때문이다. Reichheld는 고객의 입소문이 제품에 대한 고객의 반응에 영향을 미칠 수 있다고 생각하여, 사용해 본 고객이 주위사람에게 추천을 하면 그 기업의 매출이 늘 것이라는 논리하에 NPS가 기업의 매출성장을 말해 줄 수 있는 가장 믿을 수 있는 예측변수라고 주장한다. 이러한 그의 주장을 뒷받침하기 위해 수백 개 정도의 회사에 걸친 자신의 연구결과를 제시했는데, 어느 회사가 성장할 것인지 침체될 것인지를 NPS가 100% 정확하게 예측했다고 한다. 이는 기존의 고객관련 지표들이 기업성장과의 연관성에 대해 명쾌한 답을 제시하고 있지 못한 상황에서 NPS는 기업에 매우 설득력 있는 지표로 보일 수 있다. 둘째, 수많은 질문으로 응답하는 데 오랜 시간이 걸리는 기존의 전형적인 고객만족서베이에 비해, NPS지표를 구하는 데는 필요한 문항수가 적어 매우 간결하고 실행이 용이하다는 것이 또 하나의 호소력 있는 장점이다. NPS에서 묻는 문항은 단 두 가지이다. "거래하시는 회사를 친구나 동료에게 추천할 가능성이 어느 정도입니까?"라는 추천가능성과 "그렇게 응답하신 이유는 무엇입니까?"라는 이유를 묻는 문항뿐이다. 이로 인해 조사수행이 쉽고 간단하여 실행에 부담이 적다. 셋째, 기업의 관점에서 보면, NPS를 구하는 조사가 용이하므로 조사결과로부터 얻는 고객피드백을 적시에 빨리 그리고 자주 얻을 수 있다. 즉, 결과산출이 빨라 시기 적절하게 정보를 제공할 수 있다. 이로 인해 실행한 활동에 대한 고객의 초기반응을 파악할 수 있고 문제가 있을 시 신속히 개선할 수 있다. 결과산출이 빠르다는 것은 또한 최신 데이터를 제공한다는 것으로서 실행부서에게는 개선활동을 위해 매우 유용한 일이다. 추가적으로, 고객의 소리(Voice of Customer)를 명확하게 들을 수 있다. 특히, 비추천고객들의 불만 중에서 고객이 직접 걸러서 가장 중요한 것을 구체적으로 언급할 것이므로 기업은 구체적인 근본원인과 개선을 위한 정보를 얻을 수 있다. 이를 통해 실행가능한 개선안을 찾는 것이 훨씬 더 용이할 수 있다.

4. NPS에 대한 이슈들

여기서는 앞에서 소개한 NPS 산출근거, NPS의 의미, 그리고 NPS의 실체 등을 포함하여 NPS에 관련된 여러 이슈들을 논의해 보고자 한다.

(1) 측정척도와 고객군의 분류는 적절한가?

NPS는 11점 척도를 이용하여 추천의향의 정도에 따라 고객군을 추천고객, 중립고객, 비추천고객으로 구분한다. Fred Reichheld는 11점 척도를 사용하고 3개의 고객군으로 구분한 근거로 미국 학점체계를 들고 있다. 그는 고객의 입장에서 11점 척도는 이해하기 쉽다고 말한다. 이유는 학교의 점수체계로 보면 10점, 9점은 A 또는 A-에 해당하고, 8점, 7점은 B 또는 C, 6점 이하는 낙제점이라는 것을 쉽게 이해한다는 것이다. 그러나 과연 이런 구분이 모든 사람에게 이해하기 쉬운 것일까? 우리나라의 경우를 생각해 보아도 이런 구분이 반드시 친숙한 것은 아니다. 네덜란드의 다문화연구협회 이사인 G. Hofstede는 문화를 "한 집단 구성원과 다른 집단 구성원을 구별하는 의식의 총체적인 프로그래밍"으로 정의한다. 국가 간의 비교문화 연구에서도 언급하듯이 문화적 차이가 서베이 응답률에 영향을 미친다는 것은 이미 오래전부터 알려진 사실이다. 동일한 문항을 동일한 척도를 이용하여 여러 국가에서 서베이를 실시해 보면 국가마다 응답성향이 다름을 알 수 있다. 예를 들어, 브라질의 경우 낙천적인 국민성으로 인해 응답하는 고객들은 응답에 후한 성향을 보인다. 이런 국가에서는 9점, 10점이 아니라 10점 응답만이 추천고객일 수 있다. 반면, 중국은 인색하게 평가하는 성향이 있다. 이런 성향을 감안한다면 8점 혹은 7점을 준 고객까지도 추천고객으로 정의하는 것이 더 적절한 구분이 될 수도 있을 것이다. 추천의향 정도에 따라 고객을 일괄적으로 구분할 수 없는 문제는 비단 국가에만 있지는 않을 것이다. 업종별로, 고객별로도 이런 문제가 제기될 수 있다. 이렇게 Reichheld가 제안한 고객분류방식은 고객들의 실체를 보여주는 응답데이터에 기반하여(Data-driven) 사후적으로 분류한 것이 아니라 이미 가지고 있는 암묵적으로 형성된 상식적 기준(Heuristics)에 기반하여 사전적으로 나눈 것이다. 그가 분류한 3개의 고객군은 인위적으로 만들어진 분류가 되어 실상을 반영하지 못할 수 있다.

또 한 가지 고려해야 하는 것은 질문과 응답을 위한 척도가 진정 응답자인 고객의 관점에서 구성되었는가 하는 것이다.

측정자의 관점에서 사후적 해석의 용이 또는 활용을 위해 11점 척도를 쓰고 있지는 않은가 생각해 볼 일이다. Reichheld가 제시한 11점 척도에서 0점은 Extremely Unlikely로 10점은 Extremely Likely로 표시되고 있다. 과연 응답자인 고객들은 8점과 9점 또는 8점과 9점 간의 차이를 주어진 11점 척도에서 잘 구분할 수 있을까? 8점은 어떻게 해석하고 9점은 무엇이라고 해석하여 응답할까? 사람들의 주관적 기준이 다 다르듯이 어느 고객의 8점이 다른 모든 고객의 8점과 반드시 동일하게 해석되지는 않을 수도 있다. 그렇다면 단지 11점 척도에서 0점과 10점만 점수에 대한 설명표현을 제시하는 것보다는 6점은 무엇이고, 7점은 6점과 어떻게 다른지 또 8점과 9점은 어떻게 구분해야 하는지를 구체적으로 보여주어야 개별 응답 고객들의 주관적 차이를 줄일 수 있을 것이다. 이것이 중요한 이유는 이러한 개별 고객의 주관적 기준 차이로 인한 응답을 고려하지 않고 지금과 같이 척도의 양끝에 있는 점수, 즉 0점과 10점에 대한 서술적 설명만 제시하여 고객의 응답을 기준으로 고객을 세 가지 고객군으로 분류하는 것은 오류가능성이 클 수 있다고 생각된다. [그림 III-1]에서 보듯이 NPS를 산정하는 수식에서는 개별 고객의 응답 자체가 중요한 것보다는 개별 고객이 구분한 세 가지 고객군 중에 어디에 속하는지가 궁극적으로 중요하다. 다시 말하면, 개별 고객들의 응답인 원래 점수에서 1점과 6점은 전혀 그 차이가 중요하지 않다. 왜냐하면 1점으로 평가한 고객이나 6점으로 평가한 고객이나 동일하게 Detractor로 구분되기 때문이다. 동일한 상품이나 서비스에 대해 엄격한 고객의 8점이라는 평가는 그 고객에 비해 좀 더 후한 평가성향을 가진 고객의 9점 또는 10점과 같을 수 있기에 척도에 나타난 개별 점수가 어느 수준을 나타내는지를 명확히 보여주지 못한다면 개별 고객 간의 성향차이로 생기는 주관적 평가의 차이는 고객분류의 오류를 가져올 수 있다. 또한 어떤 업종/산업이든 무차별적으로 3개의 고객군, 즉 0~6점까지의 비추천고객군, 7~8점의 중립고객, 9~10점의 추천고객으로의 분류를 동일하게 적용하는 것이 과연 최적의 고객구분인가? 이런 관점에서 보면 측정자가 세 개의 고객군으로 응답고객을 사전적으로 미리 정의해서 고객을 분류하는 것보다는 오히려 사후적으로 얻어진 고객들의 응답데이터의 분포를 보고 고객군의 수를 정하는 것이 적절할 수 있다고 생각한다. 즉, 인위적으로 데이터를 미리 정해진 틀에 끼워 맞추기 위한 분류를 하는 것보다는 데이터에 귀를 기울이며 응답분포의 변곡점들을 찾아 고객군의 수를 정하는 것이 더욱 자연스러운 데이터 분석이 될 것이라 생각한다. 이러한 무차별적이고 인위적인 고객분류보다 고객 응답데이터의 분포나 응답들 간의 차이에 기반한 고객분류가 실제의 고객구성을 더욱 잘 보여줄 수 있으므로 오히려 바람직하다 하겠다. 특히, 이러한 데이터에 기반한 고객분류방식은 분류된 고객군 내에서 더욱 높은 고객의 동질성을 제공해 줄 수 있다는 측면에서 뚜렷한 장점이 있어 추천 프로그램을 활용하는 면에서도 더 유용할 수 있다고 하겠다. 결국, 측정자가 가지고 있는 기준이나 관념에 따라 고객의 추천가능성을 측정하고 고객군을 구분하기보다는 주관적 평가기준이 다른 고객들의 응답데이터 분포에 따라 고객군을 분류하는 것이 응답자의 인식과 성향을 반영하는 더욱 효과적인 구분이 될 수도 있을 것이다.

(2) NPS는 실제로 무엇을 측정하는가?

F. Reichheld는 그의 책(*The Ultimate Question*, 2006)에서 고객만족 서베이가 실패하는 10가지 이유를 언급하면서 기존의 고객만족 측정치들은 기업의 성장을 예측하는 데 별반 도움이 되지 않는다고 하였다. 그의 관찰에 의하면, 고객만족의 평가와 실제 고객의 행위 사이에는, 또는 고객만족 평가와 기업의 성장 간에는 관련성이 매우 낮다고 주장한다. 이러한 불만으로 그는 기존의 고객만족서베이 질문을 대체할 수 있는 새로

운 질문을 찾기 시작했다. 특히, 고객의 반복구매(Repeat Purchase)나 추천(Referral)과 가장 높은 통계적 상관관계가 있는 질문을 찾고자 하였다. 다시 말하면, 각각의 업종에서 고객들이 무엇을 할 것인지를 효과적으로 예측할 수 있어, 궁극적으로 기업의 성장을 예측하는 데 도움을 줄 수 있는 최소한 한 개의 질문을 찾고자 했다. 이러한 노력 결과 놀랍게도 대부분의 산업에서 가장 잘 적용되는 질문으로 그가 찾은 것이 바로 앞에서 소개한 "How likely is it that you would recommend Company X to a friend or colleague?"이다.

그렇다면, 이러한 목적으로 도출된 그의 궁극적 질문은 과연 고객에게 구체적으로 무엇을 묻고, 어떤 정보를 얻고자 하는 것인가? 그가 주장한 대로, 그의 질문은 고객의 추천의향이나 반복구매의향을 묻고 있다고 할 수 있다. 고객의 답변은 특히, 그가 제시한 0~10점까지의 11점 척도로 얻은 응답수치는 고객의 반복구매의향인가? 아니면 추천의향인가, 아니면 둘 다인가? 상당 기간 시장조사를 해본 필자의 경험에 비추어 보면 과연 이 질문은 고객의 관점에서 만들어진 질문인가 하는 의문이 든다. 무엇보다도 Reichheld가 제시하는 이 질문을 고객이 접했을 때, 고객은 자신의 추천의향을 답변할 것인지 아니면 반복구매의향을 답할 것인지를 생각해 보자. 모르긴

몰라도 질문을 접하게 되는 고객은 그의 추천의향에 대한 답변을 하지 그의 반복구매의향에 대한 답변을 하지는 않을 것이다. 왜냐하면, 서베이에 있는 문항의 내용에 충실히 답한다면, 그 질문은 추천의향에 대한 질문이기 때문이다. 그리고 고객들의 반복구매의향에 대한 답변은 고객의 추천의향에 대한 답변과 별개의 질문이 되어야 하고 각각의 질문에 대한 생각이 다를 수 있기에, 당연히 반복구매의향과 추천의향은 동일할 수만은 없다고 생각된다. 그렇기에, Reichheld가 생각하는 대로 그의 질문에 대한 고객의 답변이 과연 고객의 추천의향뿐 아니라 반복구매의향까지 말해 주는 것으로 받아들이기는 어렵다고 생각된다. 아마도 Reichheld가 그의 책에서 추천의향을 묻는 이유는 추천의향이 높은 고객은 만족도가 높고 반복구매할 의향이 높다고 생각하였기 때문일 것이다. 그러나 과연 그럴까? 다음의 〈표 III-1〉은 국내 어느 서비스 업종에서 실행한 고객만족조사로부터 얻은 데이터로 추천의향과 고객이탈을 보여주고 있다. 〈표 III-1〉은 추천의향이 있는 고객들, 즉 2006년도 5점 척도에서 4점 또는 5점으로 응답하여 추천의향이 있거나 꼭 추천하겠다는 강한 의향을 보인 고객들 중에 1년 후인 2007년 6월 시점에서 그들의 고객이탈 여부를 보여주고 있다.

| 표 III-1 | 추천의향과 고객이탈

	고객응답 (2006년 6월 기준)	이탈고객 (2007년 6월 기준)	유지고객 (2007년 6월 기준)
⑤ 꼭 추천할 것이다.	6	3(50.0%)	3
④ 추천의향이 있는 편이다.	218	79(36.2%)	139
③ 보통이다/반반이다	234	86(36.8%)	148
② 추천의향이 없는 편이다.	107	61(57.0%)	46
① 전혀 추천할 의향 없다.	11	5(45.5%)	6

서비스업종에 있는 기업의 고객만족도 조사 결과(2006년) : N=576

위의 데이터에 근거하여 추천의향과 고객이탈행위 간의 관계를 살펴보면, 구체적으로 추천의향이 있거나 높은 고객 중 약 36% 정도가 재구매 또는 반복구매를 하지 않고 이탈했다는 것을 알 수 있다. 이는 추천의향이 높은 고객들조차도 얼마든지 실제로는 반복구매하지 않고 떠날 수 있다는 것을 보여주고 있다. 동시에 이는 또한 추천의향과 재구매/반복구매는 별반 상관이 없거나 별개의 것일 수도 있다는 것을 시사한다. 그렇다면, Reichheld가 암묵적으로 가정했던 대로 추천의향과 반복구매의향이 반드시 같은 방향으로 움직이지는 않을 수도 있는 것이다. 따라서 Reichheld가 추천의향에 대한 질문으로 반복구매의향까지도 알 수 있다는 것은 부적절하다고 생각한다. 결국, 그가 제시하는 질문은 기존고객의 추천의향을 묻는 것이고, 이는 그 기존고객들의 반복구매의향과는 다르므로 그가 주장하는대로 NPS가 추천의향뿐 아니라 반복구매의향을 측정하는 것은 아닐 것이다. 따라서 추천의향이 높은 고객이 실제로는 반복해서 구매하지 않고 이탈할 가능성은 얼마든지 있다고 하겠다.

(3) 추천의향의 실체는 있는가?

앞에서 Reichheld가 제시한 질문이 기존고객의 추천의향을 묻고 있다면, 이와 더불어 생각해 볼 것은 과연 추천의향의 실체는 있는가라는 질문이다. 여기서는 추천의향의 실체에 대한 몇 가지 질문을 중심으로 추천의향의 실체를 생각해 보고자 한다.

첫째, 사람들은 추천을 구하기도 하고 또 추천을 하게 되기도 한다. 추천을 받는 사람의 두 가지 혜택을 생각해 보자. 하나의 혜택은 "의사결정과정의 편의성"이다. 소비자들은 구매행동을 위한 의사결정과정에서 복잡하거나 정교한 정보보다는 단순하거나 도식화되어 있는 정보에 더 크게 의존하는 경향이 있다. 복잡한 환경에 적응하기 위해서는 모든 사안에 대해 정보처리과정을 거치기보다는 자동화된 행동양식이 의사결정에 더욱 효율적이기 때문이다. A. Tversky와 D.

Kahneman(1982)은 이러한 추론과정을 휴리스틱스(Heuristics)라고 명명하였다. 추천에 의한 정보는 객관적인 정보에 비해 상대적으로 덜 정교할 수는 있으나 기억 및 인출이 쉽고 인지적인 노력을 더 적게 요구한다. 따라서 인지적인 노력을 줄이고자 하는 소비자들은 정보탐색과정을 줄여주고 의사결정을 용이하게 하여 정보처리상의 과부하를 피할 수 있는 추천정보를 선호한다. 또 다른 혜택은 "선택의 안전성"이다. 사회심리학자에 의하면 무엇이 옳은가를 결정하기 위해서 인간이 사용하는 방법 중의 하나는 다른 사람들이 옳다고 생각하는 것이 무엇인지를 알아내는 것이라고 한다. 일반적으로 다른 사람들이 하는 대로 행동하면 실수할 확률이 줄어들 수 있다. 왜냐하면 많은 경우에 다수의 행동은 옳다고 인정되기 때문이다. 이를 사회적 증거(Social Proof)의 법칙이라고 한다. 타인의 추천은 마치 사회적 증거처럼 각인되기 때문에 선택에 있어 위험을 회피할 수 있다. 이러한 혜택을 얻고자, 사람들은 추천을 구하기도 한다. 그렇다면 이제는 추천을 하는 사람을 생각해 보자. 추천을 하는 사람은 기업으로부터 경제적인 보상을 받는 것이 아님에도 불구하고 자기의 평판을 걸고 적극적으로 추천을 하기도 한다. 이러한 추천은 추천을 받는 사람이 제품이나 서비스를 선택하는 데 있어 커다란 영향을 미치기도 한다. 사람은 기업으로부터 보상도 받지 않는데 왜 이러한 추천을 하게 되는 걸까? 추천을 구하는 사람의 요구에 의해 수동적으로 추천을 하는 경우도 있겠지만, 좀 더 깊이 생각해 보면 추천하는 사람은 분명 어떤 형태로든 혜택(Benefit)을 얻기 때문에 추천을 한다. 추천을 하는 사람이 추천을 함으로써 얻게 되는 몇 가지 혜택을 생각해 보자. 하나의 혜택은 "선택 후 인지 부조화의 감소"이다. Leon Festinger(1962)의 인지 부조화(Cognitive Dissonance) 이론에 따르면 사람들은 행동과 태도 간의 일관성을 유지하려는 동기가 있다고 한다. 만약 상품을 구입한 후에 만족하는 사람들이 보이는 전형적인 행동(예컨대, 추천행동)에 참여하지 않으면, 자기 선택의 합리성에 대한 의구심 또는 후회로 인한 정신적인 압력을 경험할 수 있다. 이러한 정신적인 압력은 심리적인 불편감을 초래하기 때문에 사람들은 이를 회피하기 위한 심리적인 노력을 하게 된다. 이러한 노력의 일환으로 사람들은 자신의 선택이 정당함을 알리는 추천활동을 할 뿐만 아니라, 동시에 자신의 얘기를 들은 타인이 자신과 동일한 선택을 하는 것을 확인함으로써 자신의 선택이 옳았음을 스스로 확인하고 싶어한다. 또 다른 혜택은 "구매 후 만족감의 지속"이다. 소비자가 아무리 마음에 드는 상품을 구매했더라도 필연적으로 구매만족도는 시간이 흐를수록 감소할 수밖에 없다. Brickman과 Campbell(1971)의 쾌락 트레드밀(Hedonic Treadmill) 이론에 따르면, 인간은 지속적인 행복을 얻기 위해 마치 트레드밀 위의 운동선수처럼 자신에게 만족감을 주는 대상을 찾아 계속해서 방황하는 존재라고 한다. 이런 면에서 추천행위는 구매 후의 만족감을 지속시키는데 크게 기여할 수 있다. 왜냐하면 이는 자신의 만족을 재확인하는 동시에 타인에게 유용한 정보를 주는 선행으로 지속적인 만족감을 느낄 수 있기 때문이다. 추천을 하게 되는 혜택을 알아봄으로써 추천행동 밑에 깔려 있는 심리적 이유를 생각해 보았다. 분명 이러한 혜택으로 인해 사람들은 추천을 하게 되기도 할 것이다. 그러나 이러한 혜택이 실제로는 추천을 하는 데 얼마나 큰 동기를 부여하게 될 것인가? 과연 Reichheld가 주장하는 대로 추천을 통해 기업이 신규고객을 얻고 지속적인 성장을 가능하게 할 동력까지 될 수 있을까? 사람은 본능적으로 자신의 이익을 추구하는 존재이므로 추천하고자 하는 기업에 대해 강한 애착이나 좋은 관계가 없다면 쉽게 실제 추천행위로 옮기게 되지는 않을 것이라고 생각한다. 높은 추천의향을 실제 추천과 연결시키기 위해서는 추천행동을 유도할 수 있는 강력한 유인이 반대급부로 주어져야 할 것이다. 과거에 MCI라는 미국의 통신회사에서 "Calling Circle"이라는 추천프로그램을 만들어 AT&T로부터 수많은 고객을 MCI로 전환시킨 성공적인 사례가 있다. Family and Friend Program 이라고 불리운 이 추천프로그램의 핵심 내용은 주위의 가족이나 친구를 Calling Circle이라는 프로그램에 추천하여 가입하게 하면 그들 사이의 통신료를 대폭 할인해 주는 혜택을 제공한다. 이 혜택이 바로 이러한 성공적인 결과를 이끌어 낸 추천프로그램의 핵심 요건이었다고 생각한다. 이는 기존고객들의 실제 추천행위를 유도하기 위해서는 단순히 상품 또는 서비스에 만족한다는 것으로는 충분하지 않을 수 있음을 시사하고 있다고 하겠다. 만족한 상태라 하더라도 구체적으로 고객들의 추천행위를 보상해 주는 분명한 혜택이 주어지지 않는다면, 만족해서 추천의향이 높은 고객이라 하더라도 실제 추천행위로 이어지는 것은 쉽지 않을 것이라 생각한다.

둘째, 추천의향이 높은 고객이 실제로 추천을 하는지 안하는지를 어떻게 알 수 있는가? Reichheld의 주장에 의하면, 어느 기업의 NPS가 높아지면, 그 높은 점수가 추천을 통한 신규구매가 늘어나는 것, 즉 매출이 증대하는 것을 의미하고, 궁극적으로 이를 통해 기업의 성장이 가능할 것이라고 한다. 그렇다면, 추천의향과 실제 추천행위 사이에 격차는 없는가? 현재까지 발표된 마케팅 또는 시장조사 관련 문헌을 보면, 서베이를 통해 측정된 고객의 구매의향은 실제 구매행위와는 적지 않은 차이가 있다는 것을 알 수 있다(Nagle and Holden, 2002). 동일한 논리로, 서베이데이터로 얻게 되는 추천의향에 대한 측정치도 실제 추천행위에 대한 관찰치와는 다를 것이라는 것은 어렵지 않게 유추해 볼 수 있다. 그렇다면, 추천의향이 높다는 것이 실제로 고객의 추천행위로 이어지는 것일까? 추천의향이 높다고 해서 반드시 실제 추천행위로 이어지는 것은 아니라고 생각한다. 어쩌면 고객들은 서베이 질문에서 추천의향이 높다라고 응답하지만, 높은 추천의향이 실제로 그들이 반드시 추천을 할 것이라는 것을 의미하지는 않을 수도 있다. 마지막으로, NPS에 관한 또 하나의 질문이 있다. F. Reichheld의 주장대로 NPS가 높아짐에 따라 기존고객들의 추천의향이 높아지고 추천을 통한 신규구매가 늘어나서 성장을 유인한다고 하자. 그런데 실제로 기존고객들의 추천의향이 높아지고 이와 더불어 실제 추천을 통한 신규구매가 생겨나는 것을 어떻게 측정하고 관리할 수 있는가? 고객의 추천의향이 실제 추천행위와 다르다면, 고객의 추천의향만으로 추천행위를 파악하고 관리하기는 어렵다. 그래서 NPS가 성공적으로 관리되려면, 고객들의 추천의향을 높이고 이를 통해 실제 추천구매가 이루어지는지를 추적하고 측정하여 관리할 수 있는 추적 메커니즘(Tracking Mechanism)이 반드시 마련되어야 한다. 측정할 수 없다면, 관리할 수 없고, 따라서 개선할 수도 없다는 것은 경영의 상식으로 모든 사람이 받아들일 수 있는 경영의 기본 원리이다. 이러한 단순한 상식에 비추어 볼 때, 이러한 추적 메커니즘과 관리 프로세스에 대해 Reichheld는 그의 궁극적 질문을 찾을 때는 거래데이터를 이용하여 검증했으나 활용면에 있어서 갖추어야 할 요건으로서는 언급이 부족하다. 또한 실제로 NPS를 도입하여 실행하고 있는 대부분의 기업들 역시도 NPS의 성공을 위한 중요한 요건이 되는 추적 메커니즘을 갖추고 실행한다는 얘기를 아직은 들어보지 못했다. 기존고객의 추천의향이 높아져 NPS가 높아졌다 하더라도 실제로 추천을 통한 신규구매가 이루어지지 않는다면 Reichheld가 주장하는 것과는 달리 기업의 성장은 NPS의 개선을 통해 이루어지지 않을 수도 있다. 따라서 실제로 추천을 통한 신규구매와 이를 기반으로 한 기업의 성장이 NPS에 의해 이루어졌다면, 그것을 확인할 수 있는 시스템 인프라스트럭처가 갖추어져야 할 것이다. 이러한 요건들이 갖추어지지 않는다면 서베이데이터에만 의존해서 NPS는 측정될 수밖에 없으므로, 동일한 방법으로 서베이를 통해 측정되는 기존의 고객만족점수와 같은 한계를 가질 수밖에 없을 것이다. 그러므로 NPS가 효과적으로 활용되려면 추천구매를 위한 고객추천 프로그램과 그 결과를 추적할 수 있는 시스템을 갖추어야 할 것이다. 이러한 요건이 갖추어지지 않는 한 NPS의 개선을 통한 추천의향의 실체를 알 수가 없기에 NPS의 활용은 제한될 수밖에 없을 것이다. 결국, NPS의 성공적인 활용을 위해서는 기존고객의 추천의향 개선을 통한 추천구매를 측정할 수 있도록 거래데이터를 서베이데이터와 결합시켜 실제 추천구매를 관리해 나가야 할 것이다.

(4) NPS가 과연 기업성장과 상관관계가 있는 유일한 지표인가?

Reichheld는 기존의 고객만족지표와 비교하여 NPS의 차별점으로 기업성장과의 연관성을 강조한다. 그는 NPS가 어떤 서베이 문항보다도 기업성장을 예측하는 데 있어 가장 믿을 수 있는 '유일한' 지표(The Single Most Reliable Indicator of Firm Growth)라고 주장한다. 동시에 그는 기업에서 많이 사용해 온 기존의 고객만족점수는 기업성장과의 상관관계가 약하다고 한다. 그가 추천의향과 기업성장 간의 상관관계를 밝히고자 2001년 1사분기에 Setmatrix라는 조사회사와 함께 여러 산업에서 400여 개 회사의 고객을 대상으로 추천의향을 묻는 서베이를 실시하였다. 가장 친근하다고 느끼는 기업 한두 개를 개별 고객 스스로 정하게 하고 그 기업들의 추천의향을 서베이 형태로 질문하여 약 1만 5천 개의 응답을 얻었다. 이와 동시에 신뢰할 수 있고 비교가 가능한 수익자료를 해당 기업으로부터 수집하였다. 이렇게 모아진 자료 중에 분석을 위한 일정 기준을 충족한 기업만을 골라 추천의향의 응답과 기업성장지표 간의 상관관계를 살펴보았다. 이 분석으로부터 항공업, PC, 생명보험업, 인터넷 서비스 등의 업종에서 기업성장률과 NPS 간의 뚜렷한 상관관계를 발견할 수 있었다. 특히 항공업에서는 어느 한 기업도 NPS가 증가하지 않고 성장률이 증가한 회사가 없었다. 이런 결과를 기반으로 그는 NPS가 기업성장과 높은 상관성을 보이고 동시에 설명력 있는 예측변수가 된다고 주장했다. 그러나 최근에 발표된 Keiningham, Cooil, Andreassen, and Aksoy(2007)의 연구에 의하면 기업의 성장을 예측하는 데 있어서 기존의 고객만족점수는 NPS 못지않은 예측력을 보인다고 한다. Keiningham, Cooil, Andreassen, and Aksoy는 Reichheld가 수행한 것과 동일한 방법으로 NPS 대신 미국고객만족지수(American Customer Satisfaction Index : ACSI)를 사용하여 ACSI와 기업성장지표 간의 상관관계를 밝혀보았다. 그들은 Reichheld가 NPS와 기업성장지표 간의 상관관계가 있다고 주장한 산업(항공업, PC, 생명보험업, 인터넷 서비스)들을 대상으로 ACSI와 기업성장지표를 비교했는데, 놀라울 정도로 유사한 결과를 얻었다. 그들의 연구결과에 의하면, ACSI 역시 기업성장과 뚜렷한 상관관계를 보이고, 어떤 산업에서는 오히려 NPS보다 더 강한 상관관계를 보이고 있다고 한다. 결론적으로 NPS만이 기업의 성장과 상관관계를 보이는 유일한 지표는 아닐 수 있으며 기존의 고객만족점수보다 더 우월하다는 증거는 발견되지 않았다.

(5) NPS는 모든 산업에 적용될 수 있는가?

F. Reichheld는 그의 책(2006, p.29)에서 추천가능성에 대한 질문은 여러 산업에 걸쳐 다른 것과는 비교가 안 될 정도로 고객의 행위를 예측하는 가장 좋은 변수이지만, 모든 산업에서 가장 좋은 예측변수는 아니라는 것을 인정한다. 특히, B2B산업에서는 추천가능성보다 지속구매가능성을 물어보는 것이 좋을 수 있다고도 말한다. 그리고 가장 좋은 예측변수를 찾는 것은 궁극적으로 개별 기업들이 해야 할 숙제이고 서베이 응답과 고객행위 사이의 연관성도 검증해야 한다고 말하고 있다.

고객만족점수의 활용이 독점시장에서는 별반 큰 의미를 주지 못하여 제약이 있듯이, 고객의 로열티 수준을 보여주는

NPS도 시장의 구조에 따라 적용가능성이 제한될 수 있어, 모든 산업에 동일하게 적용하기는 어렵다. 이렇게 NPS의 적용이 제한될 수 있는 산업의 예를 들어보면 다음과 같다. 첫째, 독점 혹은 독과점 산업이다. 예를 들면 지역 전화사업자 또는 케이블사업 등인데 이런 시장은 모집단이 성장하거나 그 지역의 경제적 성장이 성장률을 결정하는 시장이기 때문에 기업성장의 예측력이 작을 것이다. 둘째, 회사가 유통채널을 장악하고 있는 산업이다. 이런 산업은 소비자 선택이 영향력을 발휘하기 어려운 시장이므로 NPS의 적용이 제한될 수밖에 없다. 셋째, B2B 사업처럼 Vendor를 선택하는 기업의 구매의사결정이 경영층에 의해 직접 이루어지는 업종에서도 추천가능성을 통한 성장예측이 어려울 것이다. 예를 들어, 데이터베이스 소프트웨어, 컴퓨터 시스템 산업에서는 고객의 추천가능성과는 상관없이 구매하는 기업의 경영진의 의사결정으로 구매가 이루어질 수 있으므로 NPS의 적용이 어렵다. 이처럼 일부 산업에서는 추천가능성이라는 문항보다 오히려 다른 문항이 기업의 성장을 예측하는 데 더 적합할 수 있다. 따라서 NPS는 적용할 수 있는 산업의 범위가 제한될 수 있다.

반면, 추천가능성이 잘 적용되는 산업은 몇 가지 특징이 있다. 첫째, 제품이나 서비스에 대해 소비자가 가지고 있는 정보의 양이 부족하거나 정보에의 접근이 어려운 경우이다. 의료서비스가 이러한 대표적인 예이다. 병원에 대한 정보는 충분치 않고 유용한 정보를 얻을 수 있는 채널은 제한적이다. 이럴 때 실제 경험자에게서 나온 추천정보는 영향력이 클 수 있다. 둘째, 제품수명주기(Product Lifecycle)가 짧은 산업이다. 제품수명주기가 짧으면 구매 후 반복구매가 빈번히 일어나기 때문에 추천이 영향을 끼칠 수 있다. 반면 내구재와 같이 제품수명주기가 긴 경우에는 추천의향이 높을지라도 반복구매하는 시점까지의 기간에 동일 제품의 기술발전으로 업그레이드 제품이 계속 출시되므로 실제 반복구매 시점에서는 이전 제품의 추천가능성이 영향을 미치기는 쉽지 않다. 셋째, 소비자 선택의 자율이 있는 산업이다. 시장구조가 제한적이어서 소비자 선택이 제약을 받게 되면 추천의 영향력을 미치기가 어렵다. 구체적으로 시장의 구조가 독과점으로 고객에게 선택의 폭이나 여지가 작을 때는 고객추천이 구매결정에 미칠 수 있는 영향력이 작게 될 수밖에 없다. 따라서 고객의 선택에 제약이 없는 시장구조에서 추천은 효과를 발휘할 수 있게 된다.

5. NPS의 실질적인 효과를 얻기 위한 제언들

NPS를 이미 도입하여 사용하거나 도입을 고려하고 있는 기업이 늘고 있다. 앞에서 제기한 NPS에 대한 적지 않은 이슈도, NPS를 통해 기업이 얻은 성과에 대한 자료도 충분하지 않아 NPS의 성공을 논하는 것은 아직 일러 좀 더 두고 봐야 할 것이라고 생각한다. 그러나 단순히 NPS를 고객관련 지표로 채택하고 점수를 높이는 것이 목표가 되어서는 실질적인 성과가 나타나지 않고 겉돌게 될 수도 있다. 여기서는 Net Promoter 관리를 위한 프레임워크를 아래에 제시된 [그림 III-2]에서 가시화해 보았다.

[그림 III-2]에서 보듯이, Net Promoter들의 실제추천을 통해 기업의 성장을 추구하고자 하는 것이 Net Promoter 관리라

그림 III-2 Framework for Net Promoter Management

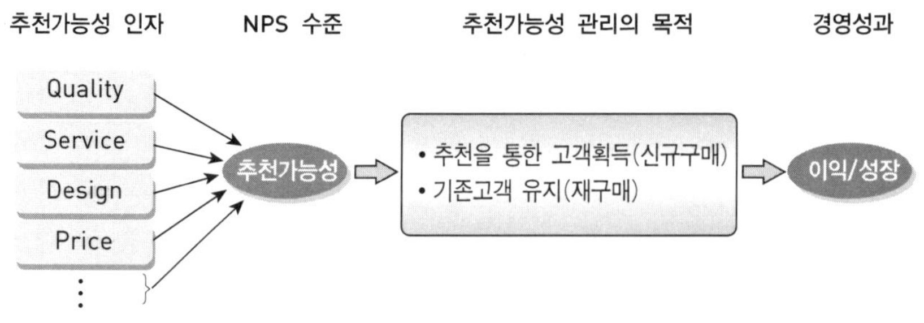

할 수 있다. 이러한 관리가 얼마나 잘되고 있는가를 보여주는 것이 NPS인 것이다. 기본적으로 NPS는 고객추천을 통한 기업성장이 핵심 제안이므로 자사 고객들의 추천행동을 정확히 측정하고 이를 기업성장을 위해 활용하는 것이 중요하다. 따라서 기업이 NPS를 도입하고 실행할 때 성공적인 결과를 얻기 위해서 앞에서 제기한 이슈들에 대한 적절한 대안을 가지고 실행해야 한다. 이와 더불어, 기업이 NPS를 통해 기대하는 결과가 나오기 위해 반드시 갖추어져야 할 요건이나 효과적인 실행을 위해 고려해야 할 몇 가지 제언을 하고자 한다.

(1) NPS를 통해 달성하고자 하는 목표 설정

무엇보다도 먼저, NPS를 도입하려는 기업은 반드시 이를 통해 달성하고자 하는 목표가 무엇인지를 명확히 설정하고 시작해야 한다. NPS를 통해 기존고객의 만족을 제고할 것인지, 아니면 만족한 기존고객들의 추천을 통해 신규고객을 획득할 것인지, 아니면 이 둘 다를 동시에 추구할 것인지를 명확히 해야 한다. 가능하다면 측정가능한 형태로 목표가 설정되어야 한다. 이것이 중요한 이유는 측정가능하게 구체적인 목표가 설정되지 않으면 실행 후 나타난 결과가 과연 성공인지 실패인지를 판단할 기준이 없어 사후평가 자체가 어려울 수 있기 때문이다. 특히, 현행 고객만족점수를 중심으로 한 고객만족경영이 겉돌 수밖에 없는 이유 중의 하나가 목표가 명확하게 설정되어 있지 않기 때문이라는 것을 생각해 보면 명확한 목적 없는 NPS 활용은 성공적으로 되기 어렵다는 것을 다시 한 번 강조하고자 한다.

(2) NPS를 통한 성과를 측정할 수 있는 추적 메커니즘 구축

NPS는 추천가능성이라는 설문을 통해 서베이데이터로 측정하여 만들어진 지표이다. 따라서 고객의 추천가능성은 말 그대로 가능성일 뿐이다. 의향과 실제 일어나는 행위 간에는 괴리가 있기 마련이다. 서베이 응답은 조사하는 시점의 주관적인 의향이나 미래에 대한 불완전한 추측에 기반되어 형성되므로 실제로 나타나는 고객의 행위와는 차이가 있을 수밖에 없다. 앞에서 언급한 어느 서비스기업의 서베이에서 높은 추천가능성을 보인 고객도 이탈하듯이 추천가능성에 기반한 NPS도 실제 추천을 통한 구매행위와는 차이가 있게 마련이다. 추천가능성이 높은 고객 자신도 반복구매를 하지 않고 이탈하는데 과연 실제로 타인에게 추천은 얼마나 하며 이를 통한 실제 구매는 또 얼마나 발생될 수 있는 것인가? 그렇다면 NPS의 점수가 높아진다는 것이 추천을 통한 실제 구매를 얼마나 발생시키며 이로 인한 재무성과 또는 기업의 성장에 얼마나 기여를 하는 것일까? 이런 질문에 대해 생각해 보면 실상 NPS는 정확히 무엇을 의미하는지 그리고 실제로 기업의 성장에 얼마나 기여하는지 그 실체가 명확하지 않다. 즉, NPS라는 형태로 고객들의 추천가능성을 측정하고 이를 개선하여 반복구매 또는 추천구매를 높이고자 하는데, 실제 발생되는 고객의 반복구매행동이나 추천행동을 추적하여 측정하지 못하고 있어 그 실체가 불투명하다. 실체를 알기 위해서는 측정을 해야 한다. 아무리 좋은 개념이나 프로세스라도 측정되어 실체를 알 수 없으면 관리될 수 없고 따라서 개선하기가 어려울 뿐 아니라 실제로 활용하기가 부적절한 경우가 많다. 따라서 NPS를 통한 추천가능성을 높여 나타난 실질적인 성과를 측정하고 평가할 수 있도록 NPS의 활용을 위해서는 반드시 추적 메커니즘(Tracking Mechanism)이 구축되어야 한다. NPS 점수가 고객의 거래데이터(Transactional Data) 형태로 확인되어야 한다. 거래데이터 중에서도 재무성과와 직접 관련된 고객지표는 매우 유용할 수 있는데, 추천구매율, 반복구매율, 고객유지율 등이 그 예가 될 수 있다. 서베이 결과로 얻은 추천가능성 자료인 NPS점수와 실제 거래데이터에 기반한 고객자료간의 연관성을 지속적으로 추적하여 NPS점수의 변화에 따라

거래데이터가 어떻게 변동되는지를 밝혀내야 한다. 이것이 이루어져야만 NPS의 실체를 알 수 있고 NPS수준이 높아지면 실제로 기업에 어떤 효과가 있는지를 알 수 있어 성과를 평가할 수 있기 때문이다. 이것은 또한 NPS수준을 높이는 데만 초점을 맞추기보다는 NPS수준 개선을 위한 비용과 투자 대비 효과를 비교 분석하여 최적 NPS수준을 찾아 유지해 나가는 등 NPS의 전략적 활용을 위해서도 꼭 필요하다고 하겠다. F. Reichheld가 주장한대로 진정 NPS가 기업성장의 동력이 된다면 실제로 그러한 인과관계를 데이터를 통해 보여주어야 하는데, 앞에서 언급한 실제 추천행위를 추적할 수 있어 데이터로 나타내 줄 수 있는 메커니즘이 없다면, 그의 주장은 호소력을 잃게 될 수밖에 없다.

(3) 세그먼트별 개선활동 실행

기업의 관점에서 보면 모든 고객을 만족시키기는 어렵다. 이는 또한 현실적으로 가능하지도 않을 것이고 비용 대비 효과도 떨어질 뿐 아니라 적자고객들이나 문제고객들을 생각해보면 필요조차 없을지도 모른다. 이와 같이 어떤 고객프로그램이든 모든 고객을 대상으로 하는 것은 실행상 용이하지도 않고 효과도 떨어지게 마련이므로 선택과 집중이 필요하다.

그런데 Reichheld는 고객을 3개의 군으로 나누어 순수추천 고객수 또는 비율이 되는 NPS를 개선하면 성장을 가져온다는 것을 주장하고 있다. 개선을 위한 정보를 고객으로부터 얻는다고 하더라도 실행면에서 보면 어느 고객군을 대상으로 무엇을 해서 어떤 효과를 거둘 것인가에 대한 선택과 집중이 필요하다고 하겠다. 더욱이, 앞에서 제기한 추천고객의 Tracking System이 없는 한, 현재로서는 NPS 개선을 통한 추천구매 효과를 측정할 방법도 없으므로 모든 고객을 대상으로 한 개선활동은 최선이 되지 못할 것이다. 따라서 NPS가 시사하는 것처럼 모든 고객의 추천가능성을 높이고자 하는 것보다는 기존 고객을 세분화하여 기업에 우호적인 태도를 가지고 있고 기업에 기여하는 정도도 높은 우량고객 세그먼트를 선정하고 이를 중심으로 추천 증대 활동을 집중하는 것이 더 효과적일 수 있다. 우량고객(또는 추천가능성이 높은 고객) 세그먼트가 결정되면 이를 전담하여 관리할 세그먼트 매니저(Segment Manager)를 선정하여 세그먼트 내에서의 추천 프로그램을 관리하도록 한다. 이렇게 세그먼트 매니저가 차별적인 신규고객 추천 프로그램과 Tracking System을 개발하여 구체적인 목표와 관리지표를 설정하고 일관성 있게 실행해 나간다면 모든 고객을 대상으로 하여 NPS를 높이고자 하는 활동보다 훨씬 효과적일 것이라고 생각된다. 동시에 비추천고객으로 추천가능성이 낮은 고객들에게는, 추천가능성이 비추천고객들의 전반적 만족도를 직접 나타내 주지 않는다면, 추천 그 자체보다는 그들의 전반적 만족도를 개선하는 데 초점을 두는 것이 더욱 효과적일 수도 있을 것이라 생각한다.

현재 많은 기업이 NPS에 대해 많은 관심을 가지고 있고 또한 실제로 도입해서 활용하고 있는 기업도 늘어가고 있다. 실제로 NPS의 등장은 오래되지 않아, NPS 활용성과에 대한 명확한 판단을 내리기에는 아직 근거가 충분하지 않다. 그러나 NPS로부터 기대되는 결과를 얻기 위해서는 NPS의 올바른 활용을 위한 요건 구축이 절대적으로 우선되어야 한다. 이를 위해 여기서는 NPS에 관련된 이슈들과 이에 대한 개선안, 그리고 기대되는 성과를 내기 위해 갖추어야 할 요건들을 살펴보았다. 모쪼록 이러한 논의와 제언이 NPS의 도입과 활용에서 과거에 겪었던 시행착오를 줄이고 기대하는 성공적인 성과를 얻는 데 도움이 되었으면 한다.

참 고 문 헌

Brickman, P. and D. T. Campbell, *Hedonic Relativism and Planning the Good Society*, Academic Press, 1971.

Festinger, Leon, A Theory of Cognitive Dissonance, Stanford University Press, 1962.

Keiningham, Timothy L., Cooil, Bruce, Andreassen, Tor Wallin, and Aksoy, Lerzan, "A Longitudinal Examination of Net Promoter and Firm Revenue Growth," *Journal of Marketing*, Vol.71, 2007.

Nagle, T. Thomas, Holden, Reed K., and Holden, Reed, *The Strategy and Tactics of Pricing: A Guide to Profitable Decision Making* (3rd Edition), Prentice-Hall, 2002.

Reichheld, Fredrick F., "The One Number You Need to Grow," *Harvard Business Review*, 2003.

__________________, *The Ultimate Question*, Harvard Business School Press, 2006.

Tversky, A. and D. Kahneman, *Judgement under Uncertainty : Heuristics and Bias*, Cambridge University Press, 1982.

Ⅳ. 고객경험관리

고객만족경영을 추진해 온 기업들 중에 고객과의 접점을 많이 가지고 있는 기업은 접점에서 갖게 되는 고객의 경험이 고객만족에 중요한 부분이라는 것을 인식하게 되었다. 예를 들어, Starbucks, Krispy Kreme Donut, Dell Computer, Hilton Hotels, Hewlett Packard, Cisco 등과 같은 기업들은 실제로 고객의 경험을 통한 만족을 높이기 위해 다양한 활동을 하고 있는 기업으로 잘 알려져 있다. 이들 기업은 자신들과 거래하는 고객들이 접점에서 겪게 되는 다양한 경험을 관리하여 고객에게 최대한의 만족을 주고자 노력하고 있다. 여기서는 이렇게 최근에 많은 관심을 모으고 있는 고객경험관리에 대해 살펴보고 이에 대한 실상과 허상을 밝혀보고자 한다. 고객경험관리(Customer Experience Management)란 무엇이고, 고객경험관리는 실제로 어떠한 활동을 포함하는지, 또 실행상의 이슈는 어떤 것들이 있는지를 논의해 보고자 한다. 이와 더불어 고객경험관리는 기존의 고객만족경영과 어떻게 다른지도 비교해 보아 실상을 밝혀보고자 한다.

1. 고객경험관리란 무엇이고 왜 중요한가?

먼저 고객경험이란 무엇인가를 생각해 보자. 고객은 일상생활에서 기업과 수많은 접촉과 상호작용을 하면서 소비생활을 영위하고 있다. 때로는 고객이 전하는 광고나 메시지 또는 브랜드 접촉을 통해 경험을 하기도 하고, 때로는 고객이 먼저 기업의 웹사이트, 콜센터 또는 지점을 접촉하여 고객응대 등 다양한 상호작용을 통해 경험을 하기도 한다. 이렇게 기업과의 다양한 접촉과 상호작용을 통해 고객은 그 기업에 대한 인식을 형성하게 되고 이는 결국 고객의 구매의사결정에 직접적인 영향을 주게 된다. 그 결과로 나타나는 것이 신규고객의 획득이나 기존고객의 유지라고 할 수 있겠다. 이것이 바로 기업이 고객경험관리를 통해 얻고자 하는 것이라고 하겠다. 이렇게 기업이 고객들의 경험을 관리하고자 하는 이유는 기업과의 접점에서 고객이 겪는 모든 경험들은 바로 그 기업에 대한 선호나 인식을 형성하게 될 것이고 이는 결국 그들의 구매의사결정에 영향을 주어 기업의 경영성과에 직결되기 때문이다. 이것이 바로 고객경험관리가 중요한 이유라고 할 수 있겠다.

고객의 경험이란 기업이 제공하는 상품 구매와 사용과 관련하여 기업과의 모든 접점에서 고객이 갖게 되는 접촉과 겪게 되는 상호작용이라 할 수 있다. 여기서 말하는 접점이란 구매 전에 고객이 접하는 광고나 메시지, 브랜드 이미지, 온라인에서 제공되는 웹사이트 등과의 접촉이 이루어지는 커뮤니케이션 접점, 구매과정에서 영업직원과의 상호작용이 이루어지는 영업접점, 구매 후 사용하게 되는 상품접점, 그리고 고객응대나 상호작용이 이루어지는 다양한 서비스 접점 등을 포함하여 기업과 고객 간의 접촉과 상호작용이 일어나는 모든 부분이라 말할 수 있겠다. 이러한 모든 접점에서 고객이 갖게 되는 다양한 경험은 그 기업 자체 또는 그 기업의 상품/서비스에 대한 고객의 인식을 형성하게 되고 이는 결국 고객의 재구매를 포함한 구매의사결정에 직접적인 영향을 미치게 될 것이다. 이것이 바로 기업이 고객경험을 중요시하며 많은 관심을 갖게 되는 이유이다. 따라서 기업이 고객경험관리를 하는 기본목적은 접점에서 고객이 겪게 되는 경험으로부터 만족을 얻게 하여 그 기업을 선호하는 긍정인식을 형성하거나 확대함으로써 잠재고객의 구매의사결정이나 기존고객의 재구매의사결정에 영향을 주고자 하는 것이다. 다시 말하면, 기업은 고객경험관리를 통해 고객의 구매의사결정에 영향을 주어 잠재고객은 신규고객으로 전환하고 기존고객은 지속사용하게 하여 유지하고자 하는 것이다. 이런 관점에서 보면 고객경험관리는 다음과 같이 정의할 수 있겠다.

고객경험관리란 기업이 고객과 만나는 모든 접점에서 고객이 겪게 되는 다양한 경험을 관리하여 만족한 경험을 갖게 하고 이를 통해 그 기업이 제공하는 상품/서비스에 대한 긍정인식을 형성시켜 고객의 구매의사결정에 영향을 주고자 하는 고객관리 프로세스라 할 수 있다.

이러한 고객경험관리의 기본원리를 프레임워크로 [그림 IV-1]에서 가시화해 보았다.

먼저, [그림 IV-1]에서 정리해 본 고객경험관리의 프레임워크를 보면 고객경험관리의 대상은 이미 거래를 하고 있는 기존고객뿐만 아니라 신규로 고객이 될 수 있는 잠재고객을 포함한다. 기본적으로, 고객경험관리는 이미 기업의 상품이나 서비스를 사용하고 있는 고객의 경험을 관리하여 인식을 개선

그림 IV-1 고객경험관리의 프레임워크

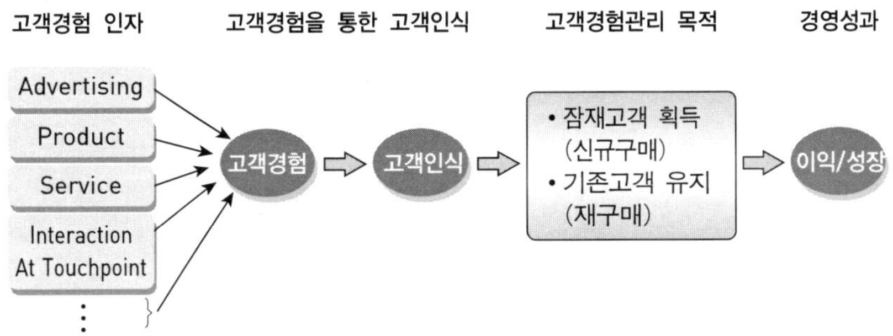

하고 이를 통해 고객을 유지하고자 한다. 동시에 아직 초기구매를 해보지 않은 잠재고객이 어떠한 형태로든 기업과 접촉하여 경험을 하게 되는 경우 이러한 고객들이 얻게 될 경험을 관리하여 긍정적인 인식을 형성함으로써 신규고객으로 전환하고자 한다. 이렇게 잠재고객을 명시적으로 대상으로 삼고 그들의 경험을 관리하여 신규고객으로 획득하고자 하는 부분에 있어서 고객경험관리는, 기존고객을 주된 대상으로 하는 고객만족경영과 차이를 보이고 있다고 하겠다. 반면, 고객경험관리의 목적은 신규고객 획득과 기존고객 유지라고 할 수 있는데 이 부분에서는 고객만족경영과 유사하다고 할 수 있겠다. 기본적으로 고객경험관리는 모든 접점에서 고객이 겪게 될 경험의 모든 요소를 통합하고 고객의 관점에서 설계하여 고객과의 상호작용이 일관성 있게 되도록 한다. 기업이 고객에게 약속하거나 커뮤니케이션하는 것이 실제로 형상화되어 고객에게 전달되고 경험하게 함으로써 기업의 인식을 개선하고 선호를 높여 구매의사결정에 영향을 미치고자 한다. 이것이 바로 고객경험관리의 핵심이다. 고객경험관리를 도입하여 실행하고 있는 기업들이 이 고객경험관리의 핵심을 구현하기 위해 구체적으로 무엇을 갖추고 있고 어떻게 실행하고 있는지를 몇 가지 사례들을 통해 살펴보고자 한다.

2. 고객경험관리의 사례들

(1) Hewlett Packard의 Total Customer Experience

Hewlett Packard(HP)는 Total Customer Experience(TCE)를 다음과 같은 고객경험관리의 정의와 함께 시작한다.

> Total customer experience(TCE) at HP is overall customer impression of HP based on perceptions <u>and</u> experiences with HP people, partners, products, services, and solutions at every touch point.

이러한 TCE에 대한 정의와 함께 HP는 고객경험의 기준으로 브랜드 약속과 일관성 있는 핵심 원리 및 행동을 고객경험의 기준으로 하여 최고의 고객경험을 언제 어디서든 보장하도록 노력하고 있다. 고객에게 최고의 고객경험이 될 수 있도록 고객의 경험에서 든든한 상품, 신속한 서비스, 다양한 선택이

그림 IV-2 HP의 공유가치와 기업목적

HP corporate objectives and shared values

"It is necessary that people work together in unison toward common objectives and avoid working at cross purposes at all levels if the ultimate in efficiency and achievement is to be obtained."

— Dave Packard

HP's Corporate Objectives have guided the company in the conduct of its business since 1957, when first written by co-founders Bill Hewlett and Dave Packard.

Our Shared Values

Passion for customers
We put our customers first in everything we do.

Trust and respect for individuals
We work together to create a culture of inclusion built on trust, respect and dignity for all.

Achievement and contribution
We strive for excellence in all we do; each person's contribution is critical to our success.

Results through teamwork
We effectively collaborate, always looking for more efficient ways to serve our customers.

Speed and agility
We are resourceful and adaptable, and we achieve results faster than our competitors.

Meaningful innovation
We are the technology company that invents the useful and the significant.

Uncompromising integrity
We are open, honest and direct in our dealings.

Our Corporate Objectives

Customer loyalty
We earn customer respect and loyalty by consistently providing the highest quality and value.

Profit
We achieve sufficient profit to finance growth, create value for our shareholders and achieve our corporate objectives.

Growth
We recognize and seize opportunities for growth that builds upon our strengths and competencies.

Market leadership
We lead in the marketplace by developing and delivering useful and innovative products, services and solutions.

Commitment to employees
We demonstrate our commitment to employees by promoting and rewarding based on performance and by creating a work environment that reflects our values.

Leadership capability
We develop leaders at all levels who achieve business results, exemplify our values and lead us to grow and win.

Global citizenship
We fulfill our responsibility to society by being an economic, intellectual and social asset to each country and community where we do business.

제공되는 이성적 요소와 다정한 직원, 믿음직한 기업, 낙천적인 자세인 감성적 요소를 느끼게 하도록 하고 있다.

앞의 [그림 IV-2]에서 보듯이 HP의 공유가치나 목적에서 가장 우선하는 것이 바로 고객이라는 것을 알 수 있다. 공유가치에서 최우선시되는 것이 바로 고객을 위한 열정(Passion for Customer)으로 그들이 하는 모든 것에서 고객을 가장 우선시한다는 것이다. 이와 더불어 HP라는 기업의 목적은 바로 고객에게 최고의 품질과 가치를 일관성 있게 제공함으로써 고객의 존경과 로열티를 얻는 것이라고 명시하고 있다. 여기서 함께 생각해 볼 것은 고객경험관리가 기업경영방식의 유행을 따라하는 것이라든지 경쟁사가 하기에 따라하는 것이 아니라 기업의 공유가치와 기본 목적에서 출발하고 있다는 것이다. 이런 면에서 HP에서 하고 있는 고객경험관리는 어느 특정 사업부에서만 실행되고 있는 것이 아니라 전사적으로 전개되어 어느 고객이든 언제든 일관성 있게 고객들이 경험하게 한다는 것이 중요하다고 생각한다.

이러한 기업의 목적과 더불어 TCE를 실행하는 전략으로는 [그림 IV-3]과 같이 3가지를 수행하고 있다.

[그림 IV-3]에서 보듯이 HP의 실행을 위한 전략을 보면 기

그림 IV-3 HP의 TCE 전략

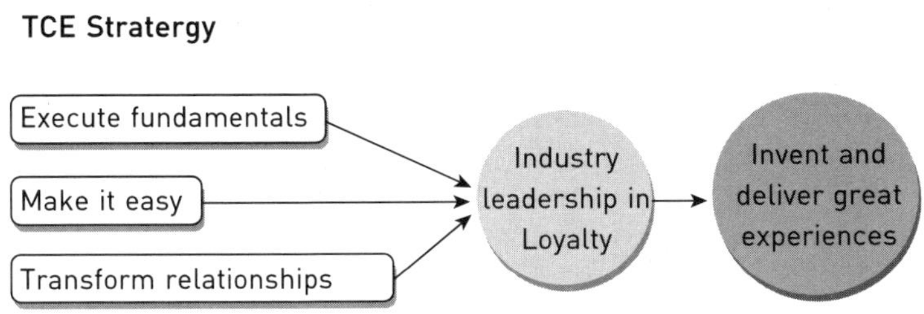

본에 충실한 실행, 실행을 쉽게 하여, 고객과의 관계를 변형 시킴으로써 고객로열티에 있어서 업계를 선도하는 기업으로 고객에게 뛰어난 고객경험을 창조하여 전달하고자 한다. 또한 TCE를 실행하여 개선하는 프로세스도 [그림 IV-4]와 같이 구축하여 실행상의 낭비나 시행착오를 줄여 효율적이며 효과적인 실행이 되도록 하고 있다.

그림 IV-4 TCE & Q Customer Loyalty Improvement Process

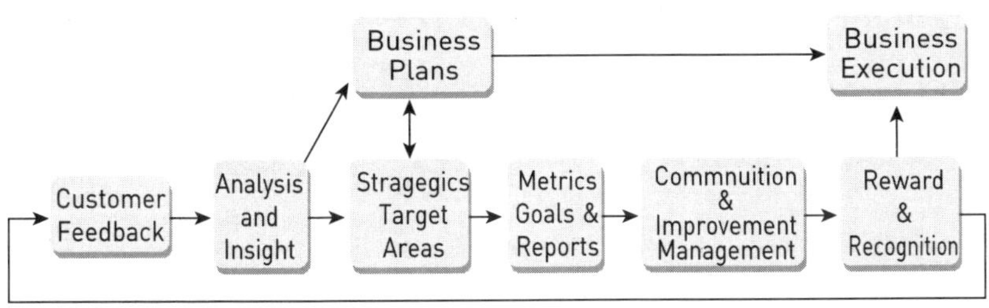

이 실행개선 프로세스를 보면 분석활동, 전략과 개선 부문 도출활동, 성과측정과 보고, 그리고 보상과 인정체계 등 개선을 위해 필요한 활동들이 전개되고 있다고 할 수 있겠다. 특히, HP는 개선을 위한 측정의 중요성을 인식하여 구체적 측정지표를 사용하여 품질목표를 정하고 관리해 나간다. 예를 들어, HP의 Notebook PC의 경우에는 지속적 개선을 위한 목적들을 정하고 모니터할 수 있도록 두 가지 품질지표(Quality Metrics)를 사용한다. 하나는 ASER(Annual Service Event Rate)인데 이것은 보증기간 동안 제품이 얼마나 자주 서비스를 받게 되는지를 보여준다. 여기서 서비스 발생은 기본적으로 어떤 이유로든 언제든 노트북 컴퓨터가 서비스를 받게 되는 경우가 생겨나는 것을 말한다. 또 다른 지표는 보증기간 동안 모든 제품의 연간 고장률, 즉 AFR(Annual Failure Rate)이다.

이러한 고객경험관리 활동 결과 HP는 몇 가지 성공사례를 제시하고 있다. 2006년 3분기와 4분기에 걸쳐 TBR(Technology Business Review)은 HP의 기업용 노트북 컴퓨터가 Dell, Gateway, Lenovo, Toshiba보다 높은 점수를 기업고객으로부터 얻어 고객만족 1위로 평가되었다고 발표했다. 또 한 가지 HP의 성공사례로 자랑하는 것은 B2B사업을 하는 HPD Systems의 성과이다. HPD Systems는 구매 후에도 체계적인 지원을 지속적으로 해 주는 HP Openview Services Integrator (SVI) Program을 통해 Total Customer Experience를 개선하였고, 이는 단순한 매출의 증가뿐 아니라 장기적인 거래관계를 강화시킬 고객의 로열티를 높이는 데에도 일조하였다. HPD Systems는 고객의 상호작용이나 경험에 기반하여 형성된 상품에 대한 인식을 갖는 것을 목표로 하고 이를 통해 고객로열티를 강화시켜 나가고자 했다. 이를 위해 상품판매의 개념을 서비스와 기술지원까지 확장하고 채널파트너와 더불어 최우선의 서비스 지원을 제공해 왔다. 이로써 서비스와 기술 지원에서의 추가매출뿐 아니라 HP의 다른 제품의 교차판매 기회까지 얻을 수 있게 되었다. 이렇게 새로이 제안된 서비스와 기술지원 부분에서의 추가매출은 채널파트너에게도 혜택으로 돌아가 고객의 로열티뿐 아니라 채널파트너의 로열티까지 강화해 나갈 수 있었다. 이렇게 HPD Systems는 서비스와 기술지원에서의 오퍼를 제공함으로써 고객들이 그들의 경험을 통해 갖게 된 HPD Systems의 인식으로 인해 추가매출과 교차판매 형태로 그들이 추구한 고객의 로열티를 강화시키는 목적을 달성했던 것이다.

(2) Starbucks : Delivering Customer Service

미국에서 단순히 커피를 음료상품으로만 간주하며 판매했던 전통적인 커피점과는 달리 Starbucks가 제시했던 가치제안은 바로 살아 있는 커피문화였다. 소비자를 직접 대면하는 소매의 관점에서 보면, 이러한 가치제안은 바로 커피소비를 둘러싼 고객경험을 만들어 내는 것을 의미했다. Starbucks는 이 가치제안의 핵심이 되는 고객경험을 3가지 요소로 구성했다고 한다(Moon and Quelch, 2006). 첫번째의 요소는 커피점에서 판매하는 커피 그 자체였다. 커피점에서 가장 중요한 것은 무엇보다도 커피 맛이다. 따라서 고객경험관리의 출발점은 바로 고객에게 맛있는 커피를 제공하여 고객이 그 커피를 즐기는 경험을 하게 한다는 것이다. 두 번째는 그들이 Customer Intimacy라고 부르는 서비스였다. 그들이 부르는 Basic Service 뿐 아니라 Legendary Service를 구체화하고 실행함으로써 고객에게 만족을 줄 수 있는 경험을 만들어 내고자 했다. 마지막으로, Starbucks의 가치제안 중에 세 번째 요소는 바로 커피점의 분위기였다. 특히, 커피점의 분위기를 고객들이 와서 머물기를 원하거나 그 지역의 사람들이 모일 수 있도록 설계하고 운영함으로써 이제는 단순히 와서 커피만 사가는 곳이 아닌 새로운 경험을 할 수 있는 곳으로 바꾸었다. 이렇게 커피를 파는 단순한 커피점에서 맛있는 커피를 즐기며 새로운 경험을 할 수 있는 공간으로의 전환이 바로 Starbucks의 고객경험관리의 기본내용이 아닌가 생각된다. Starbucks는 이러한 가치제안을 중심으로 모든 접점에서 고객들이 겪게 되는 경험을 만족시켜 긍정경험과 긍정인식을 확대시켜 나갔다.

Starbucks가 이러한 가치제안을 실현하기 위해 갖추고 실제로 행동으로 옮긴 것들을 살펴보도록 하자. 무엇보다도 먼저, 고객경험관리와 더불어 Starbucks가 가졌던 비전이나 전반적 목적은 전 세계에서 가장 인정받고 존경받는 브랜드가 되는 것이었다. 이를 구현하기 위해 구체화된 Starbucks의 목표는 고객이 매번 Starbucks 매장을 방문할 때마다 기분 좋게 하는 경험을 만들어내는 것이라고 한다. 이러한 목표달성을 위해 Starbucks가 선택한 전략은 상품과 서비스의 혁신을 통해 고객경험을 관리해 나가고자 하는 전략이었다. 이러한 전략하에 실행되었던 것들을 살펴보면, 상품관련 혁신을 위해 Starbucks는 맛있는 커피를 만들어 낼 수 있는 좋은 원두를 구입하고 많은 고객연구를 통해 고객에게 만족을 줄 수 있는 제품개발을 위해 많은 노력을 기울였다. 이를 위해 보통 12~18개월 걸리는 신상품개발 프로세스과정에서 시장조사, 점포 내의 실험,

그리고 마켓테스트 등을 거쳐 고객들이 수용하는 맛을 내는 커피를 출시했다. Frappuccino와 같은 커피 이외의 음료에서도 부단히 상품혁신을 해 나가 다양한 음료를 개발하여 제공함으로써 맛있는 커피와 혁신적 음료를 통한 고객들의 경험을 만들어 왔다. 병으로 제공되는 Frappuccino의 매출을 보면, 이러한 혁신적인 상품이 고객의 만족을 높였음을 간접적으로 보여준다고 하겠다. 상품관련 혁신을 넘어 Starbucks는 점포에서 사용할 수 있는 선불카드인 Store-value Card(SVC)를 출시하여 고객들의 거래시간을 단축시켜 줌으로써 긍정적인 경험을 하게 되었다. 실제로 점포의 선불카드 사용고객은 다른 고객에 비해 2배 가까이 구매한다는 것을 서베이를 통해 확인할 수 있었는데, 이는 결국 고객들에게 거래의 신속성/편리성을 제공함으로써 그들이 만족한 경험을 갖게 된 결과라고 볼 수 있겠다. Starbucks가 최근에 미국이나 유럽의 특정 지역의 커피매장에서 출시한 서비스관련 혁신은 T-Mobile HotSpot 무선 인터넷 서비스인데 이를 통해 고객들이 갖게 되는 경험을 더욱 다양하게 하고 있다. 서비스에 관련해서 Starbucks는 두 가지 형태의 서비스를 제공하였다. 하나는 Basic Service로 이는 인사말과 함께하는 응대와 눈으로의 접촉, 고객에게 감사의 말, 점포의 청결, 고객주문에 대한 정확한 제품전달, 음료의 적정온도와 제공, 그리고 3분 내에 제공되는 서비스 신속성으로 구성되었다. 또 하나의 서비스는 Legendary Service로 이는 고객들에게 더 자주 오게 하거나 친구들에게 구전을 할 정도로 좋은 기억이 될 만한 경험을 창출하는 직원들의 행위이다.

고객들에게 만족할 만한 경험을 제공하기 위해서 Starbucks의 서비스를 실행하는 프로세스를 살펴보면, 자주 오는 고객들에게는 그들을 맞이하는 단순한 인사나 그들이 즐겨 마시는 음료를 맞춤형으로 만들어 주는 간단한 서비스 형태에서부터 색다른 경험을 하도록 하게 한다. 이러한 서비스 경험을 고객들이 느낄 수 있도록 파트너(Partner)라고 불리는 종업원들은 체계적인 훈련을 통해 열정이 담긴 인사와 더불어 고객을 맞이하는 것부터 시작하여 눈을 마주치고 미소와 함께 그들의 이름과 자주 마시는 음료를 기억하도록 한다. 종업원들은 단순한 예/아니오 형태의 답변을 넘어서는 질문을 하면서 대화를 유도하여 고객과 가까워지도록 훈련받는다. 또한 "Just Say Yes"라는 Starbucks의 서비스 정책이 말해 주듯이 종업원들에게는 고객의 요청을 최대한 들어줄 수 있는 권한이 주어져서 최고의 서비스를 통해 고객들에게 만족한 경험을 제공하고자 한다.

Starbucks의 모든 종업원은 파트너라고 불린다. Starbucks는 신입 파트너에게도 의료보험과 Stock Options까지 제공하면서 진정한 파트너 만족이 고객만족을 가져온다고 믿고 파트너 만족을 위해 많은 노력을 경주한다. 이러한 결과들로 파트너 만족도는 업계의 평균을 훨씬 웃도는 80~90% 범위에서 유지되어 왔고, 직원이탈률도 70% 정도밖에 안 되어 동종업계에서의 평균인 300%에 비하면 가장 낮은 기업 중의 하나이다. 직원 파트너가 고용되면, 보통 두 가지 종류의 트레이닝(Training)을 받게 된다. 하나는 금전출납기 사용방법이나 음료 만드는 방법에 대한 Hard Skills이다. 다른 하나는 고객과 관계를 형성해 나가는 방법에 대한 Soft Skills이다. 점포에 방문하는 고객을 어떻게 열정적으로 맞이하여, 눈을 맞추어 미소도 짓고 자주 오는 고객들인 경우에는 이름까지 기억하도록 하는 방법들을 훈련매뉴얼을 통해 상세히 가르치고 있다. 이렇게 Starbucks는 트레이닝을 통해 내부직원인 파트너들과 고객경험관리에 대해 많은 커뮤니케이션을 하여 이에 대한 중요성을 인식하여 고객중심적 사고를 갖도록 한다.

Starbucks는 다양한 지표를 이용하여 성과를 측정했다. Starbucks도 인정하듯이 완전한 측정도구는 못 되지만 Customer Snapshot이라 불리는 Mystery Shopper Progam을 이용하여 분기에 3차례 정도 모든 점포를 익명의 Mystery Shopper가 방문한다. 방문이 끝나면 개별 점포별로 4가지 기준에 의해 기본 서비스(Basic Service)를 평가하게 된다. 4가지 기준은 서비스, 점포청결도, 상품품질, 그리고 서비스의 신속

그림 IV-5 Starbucks의 고객경험관리 성과측정

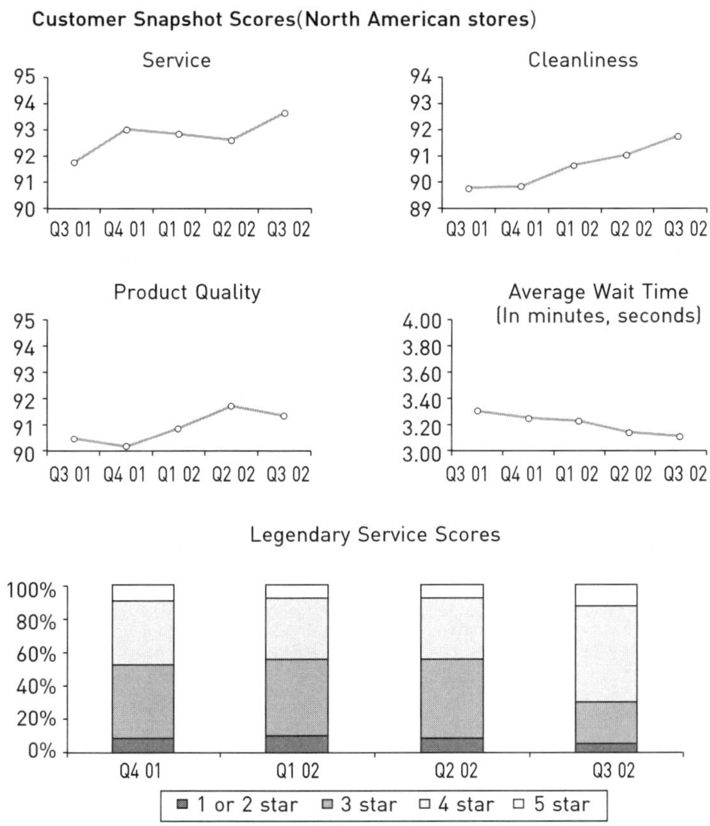

성이다. 서비스의 신속성에 대해 Starbucks는 고객이 줄을 섰을 때부터 음료를 손에 쥐는 데까지의 시간을 3분 내로 서비스하고자 하는데, 이는 Starbucks 고객들이 우수서비스의 요건으로 정의하는 데 따라 정해졌다.

앞의 [그림 IV-5]에서 볼 수 있듯이, Customer Snapshot 점수가 전반적으로 개선되었음에도 불구하고 Starbucks는 고객만족면에서 고객의 기대를 충족시키지 못하고 있었다. 그 이유를 〈표 IV-1〉을 통해 보면 고객만족도는 전반적으로 개선되고 있지만 고객유지율은 아직 개선의 여지가 많은 수준에 머물러 있다고 할 수 있기 때문이다. 고객만족점수를 중요하게 여겼던 것은 고객만족도와 Customer Loyalty 사이에는 직접적인 관련이 있다는 증거들을 볼 수 있었기 때문이었다. 〈표 IV-1〉과 〈표 IV-2〉를 보면 고객만족도가 높을수록 구매당 구매액이 평균적으로 높고, 고객들의 거래기간을 보여주는

표 IV-1 | **Starbucks' Customer Retention Information**

% of Starbucks' customers who first started visiting Starbucks...	
In the past year	27%
1～2 years ago	20%
2～5 years ago	30%
5 or more years ago	23%

Source : Starbucks, 2002. Based on a sample of Starbucks' 2002 customer base.

| 표 IV-2 | Starbucks' Customer Behavior, by Satisfaction Level

	Unsatisfied Customer	Satisfied Customer	Highly Satisfied Customer
Number of Starbucks Visits/Month	3.9	4.3	7.2
Average Ticket Size/Visit	$3.88	$4.06	$4.42
Average Customer Life (Years)	1.1	4.4	8.3

Source : Self-reported customer activity from Starbucks survey, 2002.

고객 생애기간도 길다는 것을 알 수 있기에 고객만족도가 이러한 변수로 정의되는 Customer Loyalty와 관련이 있다는 것을 볼 수 있다. [그림 IV-6]에서 보여주듯이, 고객만족을 주도하는 인자는 여러 가지가 있지만 고객의 기대 대비 고객만족 수준이 낮은 이유는 주요 고객만족인자에서 고객의 기대와 실제 서비스 실행 사이의 격차에 기인한다고 Starbucks는 생각했다. 그러므로 이러한 부분에서의 개선, 특히 고객이 자신을 우수고객으로 대접받는다고 여길 수 있도록 서비스의 개선을 위해 Starbucks는 많은 노력을 경주했다. 이러한 개선을 위해 제도적인 면에서도 Starbucks는 "Just Say Yes" 정책을 통해 직원 파트너들에게 회사의 정책을 벗어나는 경우에도 가능한 최고의 서비스를 제공할 수 있도록 권한을 위임하여 직원 파트너들이 고객에게 만족한 경험을 주는 데 최선을 다할 수 있도록 해주었다.

그림 IV-6 Starbucks 고객이 평가한 고객만족인자들의 중요도

Importance Rankings of Key Attributes in Creating Customer Satisfaction

To be read : 83% of Starbucks' customers rate a clean store as being highly important (90+on a 100-point scale) in creating customer satisfaction.

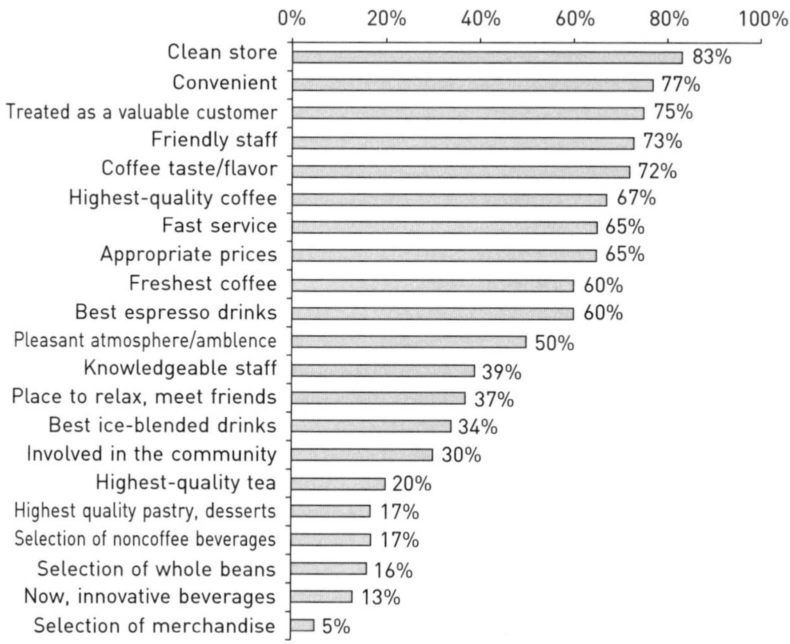

Source : Self-reported customer activity from Starbucks survey, 2002.

이렇게 Starbucks가 고객경험관리를 도입하여 다양한 경험관리 솔루션을 실행해 보고 사후 성과를 측정하여 분석하고 개선을 위한 반복적 노력을 하고 있는 것을 알 수 있다.

이와 같이 고객경험관리란 일회성의 활동으로 그치는 것이

아니라 목적설정, 실행 솔루션 도출, 실행 프로세스 구축과 실행, 성과 측정, 사후 분석, 개선을 위한 반복실행이 지속되는 기업의 활동이 정착되어야 실질적인 개선이 가능하고, 진정 아무나 할 수 없는 전략적 차별화 수단이 될 것이다.

3. 고객경험관리의 현황과 문제점

위에서 소개한 고객경험관리에 관한 사례들을 통해 고객경험관리의 특징을 정리해 보자. 무엇보다도 먼저, 고객경험관리를 잘하고 있는 기업들의 사례를 보면 공통적으로 발견할 수 있는 것은 먼저 기업의 경영이념이나 비전으로부터 하부로 전개되는 전사적 활동이 되고 있다는 것이다. 이와 더불어 또 다른 공통점은 정해진 목표와 함께 이를 달성하는 데 필요한 고객경험관리 체계를 잘 갖추어 실행하고 있다는 것이다. 이 책에서 여러 번 강조했듯이 어떠한 경영방식이든 분명한 목적과 이를 수행하는 데 반드시 있어야 하는 경영체계 없이는 실행이 잘 되지 않는데, 위의 사례에서 본 기업들은 이 부분이 잘 갖추어져 있는 것을 알 수가 있다. 또한 위의 사례에서 일부 볼 수 있지만, 고객경험관리를 위한 실행 솔루션들이나 프로그램은 고객의 관점에서 접촉과 상호작용에 대한 깊은 이해를 바탕으로 만들어져 실행으로 옮겨져야 한다. 구체적으로, 긍정적 고객경험을 목적하는 대로 관리하기 위해서는 고객이 기업과 하게 되는 접촉이나 상호작용을 여러 단계로 나누어 단계별로 고객이 겪게 되는 경험이 최적화되도록 설계하고 실행으로 옮겨야 한다. 다시 말하면, 고객의 경험을 구매이전단계에서의 경험(Prepurchase Experience), 구매경험(Purchase Experience), 사용단계에서의 사용경험(Usage Experience), 사용단계 이후의 모든 경험(Post-usage Experience)으로 나누어 접점 즉, MOTs(Moments of Truth)에서 고객에게 가치를 제공하여 고객이 최적의 경험을 얻을 수 있도록 해야 한다. 위에서 살펴본 HP와 Starbucks 이외에도 Dell Computer, Hilton Hotels, Disney, Krispy Kreme Donuts 등과 같은 외국 기업은 이러한 고객경험관리를 잘하는 기업들로 자주 인용되는 기업들이다.

그렇다면 국내 기업들의 현황과 실행상 문제점은 어떠한 것들이 있는지 그동안 여러 업종에서 관찰한 것을 토대로 정리해 보고자 한다. 고객경험관리의 중요성을 인식하고 도입한 국내 기업들의 고객경험관리 현황을 관찰해 보면, 무엇보다도 먼저 두드러진 문제점은 고객경험관리를 도입하는 목적이 분명하지 않다는 것이다. 왜 고객경험관리를 도입하게 되었으며 이를 통해 구체적으로 무엇을 달성하고자 하는 것인지가 명확하지 않은 경우가 많다. 구체적인 목적 없이 고객경험관리를 도입하여 실행한다면, 실행 후 결과가 잘되었는지 또는 잘 안 되었는지를 판단할 기준이 없어 공전하게 될 수밖에 없다. 더욱이, 잘 안 되었다면 무엇을 어떻게 해야 잘될 수 있는지를 찾기도 어려워 개선도 잘 안 되게 마련이다.

두 번째로 지적하고자 하는 문제점은 전사적으로 효과적인 고객경험관리를 실행하기 위해서는 실행을 뒷받침해 줄 수 있는 실행 체계가 잘 갖추어져야 한다. 고객만족경영에서와 마찬가지로 고객경험관리가 잘되기 위해서는 갖추어져야 할 체계의 구성요건들이 있다. 목표달성을 위한 전략, 실행 솔루션, 실행 프로세스, 교육/훈련, 내부구성원들의 동기부여와 실제 성과를 위한 보상체계, 내부 커뮤니케이션, 조직 구성과 역할, 시스템 인프라스트럭처 등이 잘 갖춰져야 전사적 고객경험관리가 잘될 수 있다. 그러나, 대부분의 기업들은 이러한 전사적 고객경험관리를 위한 체계가 잘 갖추어져 있지 않아, 제한적인 활동이나 고객접점을 가진 부서만의 활동이 되기 쉽다. 따라서 이러한 고객경험관리를 위한 실행 체계가 미흡하다는 것이 실상은 실질적인 성과를 낼 수 있는 고객경험관리의 큰 걸림돌이 되고 있다.

셋째로 고객경험관리와 관련된 과정관리를 위한 측정과 실행 후 사후결과 측정이 잘 안 된다는 것이다. 고객경험관리라는 이름하에 국내 기업이 전개하고 있는 활동을 살펴보면, 실상 고객만족조사와 크게 다르지 않은 서베이데이터로 실제성과를 측정하고 있다. 일정 기간에 한 번 정도 실행하여 측정하는 만족도 점수와 크게 다르지 않은 고객경험의 측정은 적절한 측정이 되기 어렵다. 접점에서 실제로 일어나는 고객들의 경험상태를 측정하려면 각 접점에서 고객과의 상호작용을 위한 프로세스를 구축하고 이와 관련된 내부 프로세스 측정지표(Internal Process Metrics)를 보완적으로 측정하여 고객경험관리를 해 나가는 것이 필요하다. 많은 기업에서 고객경험을 관리한다고 하면서 과거와 동일한 고객만족점수로 고객경험관리의 활동성과를 측정하고 있다면 관리나 개선은 쉽지 않을 것이다. 이렇게 측정측면에서의 고객경험관리 현황을 생각해본다면 고객경험관리를 위한 측정체계 미흡은 문제점으로 지적될 수밖에 없다.

넷째로 언급하고 싶은 것은 고객경험관리가 궁극적으로 달성하고자 하는 것은 고객들이 어떠한 접점에서든 긍정경험을 하게 하고 긍정인식을 제고함으로써 기존고객을 유지하고 동시에 신규고객을 획득하고자 하는 것이다. 그러므로 고객경험관리를 실행하고 있는 기업에서는 실제로 접점에서 고객이 겪게 될 다양한 접촉과 응대활동을 잘 설계하여 고객이 긍정경험을 갖도록 해야 한다. 그러나 필자의 개인적인 관찰을 통해 보면 접점에서의 접촉과 응대를 위한 프로세스가 잘 구축되지 못한 경우가 많은 것이 실상이다. 이는 바로 기업들의 고객경험관리가 잘되기 어렵다는 것을 시사한다. 대부분의 기업들은 고객경험관리를 위한 접점에서의 프로세스가 잘 설계되어 있지 못해 고객들이 긍정경험을 갖지 못하게 되는 경우가 많다고 하겠다.

접점에서의 고객경험관리 프로세스 설계 미흡과 더불어, 많은 기업이 이러한 프로세스를 잘 구축할 수 있는 역량과 경험이 충분하지 않아 실행 프로그램이나 솔루션이 빈약하다는 것이 또 하나의 문제점이다. 고객경험관리를 하고 있는 기업들의 임원을 대상으로 서베이를 실시한 Forrester Research의 B. Temkin(2007)은 이 기업들의 절반 이상이 교육/훈련된 효과적인 접근방법(Disciplined Approach)도 없이 고객경험관리를 하고 있다고 한다. 이는 실제경험이나 역량이 충분히 축적되어 있는 기업이 많지 않아 실상은 접점에서의 효과적 경험관리가 되지 않고 있다는 것을 시사한다고 하겠다. 이러한 경험 또는 역량 부족과 더불어, Temkin(2007)은 고객경험관리를 위한 전략의 부재, 고객경험관리 프로세스, 예산부족, 다른 부서의 협조부족, 회사 내에서 긴급성에 대한 인식부족, 경영진의 참여미흡, 그리고 목표고객들에 대한 이해부족 등을 추가적인 문제점으로 언급하고 있다.

4. 고객경험관리는 고객만족경영과 어떻게 다른가?

고객경험관리를 한다는 많은 기업들의 실태를 보면, 실상은 과거에 고객만족경영하에서 하던 것들과 크게 다르지 않다. 이는 실제로 고객경험관리를 실행하는 실무자들에게도 적지 않은 혼돈을 가져오고 있다. 그래서 여기서는 고객경험관리와 고객만족경영을 몇 가지 관점에서 구체적으로 비교함으로써 유사점과 차이점을 밝혀보도록 한다.

다음의 〈표 IV-3〉에서와 같이 여러 가지 측면에서 고객경험관리를 고객만족경영과 비교해 보면, 두드러지게 차이가 나는 부분은 무엇보다도 대상고객이라고 할 수 있다. 앞에서도 언급했지만, 고객만족경영은 구매하거나 사용해 보지 않은 고객은 만족시킬 수 없으므로 대상고객은 기본적으로 기존고객이 된다. 반면, 광고나 마케팅 커뮤니케이션 등의 접점에서 갖게 되는 고객경험은 누구에게나, 즉 기존고객은 물론 신규고

표 IV-3 고객만족경영과 고객경험관리의 비교

	고객만족경영	고객경험관리
출현배경	재구매를 위해서는 고객만족이 선행요건임을 인식	고객만족경영의 확장이 필요
본격적 출현 시기	1990년대 초 즈음하여	2000년대 초 즈음하여
기본 목적	고객만족을 통한 기존고객의 재구매와 만족한 고객의 추천을 통한 신규구매	고객경험 개선을 통한 구매/재구매
특징	구매/사용 후의 만족이 핵심	구매/사용 전이나 구매/사용 후의 모든 접점에서의 만족스러운 긍정경험
대상고객	미사용고객은 만족시킬 수 없으므로 사용고객이 대상고객	사용고객/미사용고객
성과측정 데이터	서베이데이터에 기반한 고객만족점수나 NPS(순추천지수)	접점에서의 고객만족점수(드물게 브랜드 이미지/선호수준)
성과측정의 한계	서베이데이터에 근거하므로 실제행위보다는 의향정도만 측정	대부분은 서베이데이터에 기반하여 의향정도를 측정
실행을 위한 접근방법	기업과 고객이 접하게 되는 여러 활동을 단계로 나누어 보기보다는 같은 선상에서 상품, 서비스, 커뮤니케이션 등 기업의 고객만족활동을 범주별로 나누어 문제를 밝혀내고 솔루션을 찾아 실행	고객이 기업과 하게 되는 접촉이나 상호작용을 여러 단계로 나누어 고객이 단계별로 하게 되는 경험을 최적화하도록 설계하고 실행

객이 될 수 있는 잠재고객들에게도 적용될 수 있으므로 고객경험관리의 대상이 되는 고객은 더 포괄적이라고 할 수 있다. 그러나 실행면에서의 활동이 매우 유사하므로 보통 고객경험관리와 고객만족경영은 차이가 없는 것으로 인식되기 쉽다. 또한 사후성과의 측정부분에서도 고객서베이를 통해 얻는 서베이데이터가 기반이 되는 성과지표도 별반 차이가 없어 측정면에서 고객만족경영이 갖고 있는 한계점은 바로 고객경험관리의 한계점이 된다. 이러한 유사점과 차이점과 더불어 출현시기를 고려해 보면, 대상고객이 단순히 기존고객뿐 아니라 잠재고객까지도 포함될 수 있는 고객경험관리는 고객만족경영의 확장이라고 할 수 있겠다. 고객경험관리의 개념은 고객만족경영이 기존고객의 주된 고객만족인자가 되는 상품과 서비스 중심으로 전개되는 제한된 개선활동을 확장하여 개선하고자 제안되었다고 생각한다. 주로 상품이나 서비스 중심의 전통적인 고객만족 개선활동을 구매 전의 잠재고객이나 구매 후의 기존고객이 갖게 되는 모든 고객접점으로 확대하여 긍정적 경험을 하게 하여 고객유지뿐 아니라 고객획득까지도 포함시킨 개념이 바로 고객경험관리가 아닌가 생각한다. 하지만 고객경험관리의 성과를 고객서베이를 통해 얻는 서베이데이터가 주가 되는 지표로 측정하는 한 고객만족경영이 가지고 있는 한계를 여전히 해결하지 못한 상태라고 할 수 있다. 고객경험관리를 실행하는 몇몇 기업에서는 서베이응답자가 응답한 실제 구매를 데이터로 활용하거나 내부 운영프로세스의 활동수준을 측정하여 보완적으로 사용하기도 한다. 그러나 고객경험관리가 고객들의 행위가 아닌 의향을 나타내 주는 서베이데이터를 주로 하여 측정하는 한 기업의 궁극적 재무성과와 완전히 정렬되지 않아 고객경험관리 활동과 재무성과를 올리는 활동이 이원화되어 고객만족경영 활동같이 겉돌 수 있다. 즉, 고객경험관리 활동 자체가 바로 기업의 재무성과를 올리는 활동이 되어야 하고, 이것이 일상업무가 되어야만 진정한 고객경험관리의 성과를 낼 수 있다. 이를 위해서는 반드시 고객경험관리 활동성과를 재무성과와 연결될 수 있는 거래 데이터나 거래 관련 지표로 측정하여야 현행 서베이데이터에 의한 성과측정을 보완할 수 있어 효과적인 관리와 개선이 가능하게 될 것이다. 고객만족경영이 사후 성과측정 문제로 겉돌고 있는 것같이, 향후 고객경험관리의 미래는 사후 성과측정에 대한 문제해결 여부에 달려 있다고 생각한다.

참·고·문·헌

Carbone, Lewis P., *Clued In*, Prentice-Hall, 2004.

Moon, Youngme, and Quelch, John, *Starbucks: Delivering Customer Service*, Havard Businesss School, July 10, 2006.

Schmitt, Bernd H., *Customer Experience Management*, Wiley, 2003.

Shaw, Colin, and Ivens, John, *Building Great Customer Experiences*, Palgrave Macmillan, 2005.

Temkin, Bruce D., *Obstacles To Customer Experience Success*, Forrester Research, February 6, 2007.

Ⅴ. VOC(Voice of Customer) 관리

1. VOC 관리의 중요성

고객의 소리 즉, VOC(Voice of Customer)에 대한 전략적 관리와 활용은 고객만족경영이 도입되면서 고객만족경영의 효과적인 수행과 성과를 도출하기 위한 핵심 수단으로 중요하게 다루어져 왔다. 대부분의 회사에서 VOC 관리(VOC Management)체계나 활용에 대해 많은 관심을 갖고 일정 수준 이상의 자원을 투자하고 있음에도 불구하고 VOC 유형이나 활용방안에 대해 깊이 있게 다루어진 자료를 찾는 것이 쉽지 않은 것 같다. 고객을 최우선으로 하는 기업들은 생존을 위해 고객이 원하는 것이 무엇인지를 경쟁자보다 먼저 파악해야 하며, 기업이 제공하는 제품이나 서비스에 고객이 어떻게 반응하고, 왜 그렇게 반응하는지를 면밀히 관찰하고 연구하여 고객니즈에 적절히 대응해 나가야 한다. 이런 관점에서 VOC는 다양한 전략적 활용이 가능하고 기업이 어떻게 활용하느냐에 따라 활용결과가 크게 달라질 수 있다. 특히 최근에는 많은 기업들이 기존고객을 만족시키기 위한 방어적 목적으로 VOC를 활용하는 것을 넘어, 과거에는 알려지지 않았던 Customer Insight를 발굴하고 혁신적인 제품이나 서비스를 개발하여 고객에게 새로운 가치를 제공하기 위한 목적으로 적극 활용하고 있다. Customer Insight를 중시한다는 것은 고객의 소리를 소중히 하고 마케팅 활동의 기획, 분석, 실행, 모니터링 전 분야에서 고객관점에서 일하겠다는 의지를 담고 있는 것으로, 고객만족경영에서 중시하는 VOC의 전략적 활용과 그 맥을 같이하고 있다고 할 수 있다. 그렇다면 VOC의 전략적 관리와 활용의 중요성이 새삼스럽게 대두되는 이유는 무엇일까? 몇 가지 이유를 생각해 보자.

첫째 이유로는 기업이 접할 수 있는 VOC 안에 많은 Customer Insight가 있기 때문이다. 일반적으로 VOC는 기업이 고객의 문의나 불만사항을 접수하기 위해 열어 놓은 고객센터, 인터넷 접수창구 등에 접수된 고객의 의견이나 전문적으로 진행된 시장조사에서 나타난 다양한 고객의 소리이다. 그렇기 때문에 VOC 내용을 잘 분석하고 해석해 보면 상품이나 서비스의 문제점이 무엇인지 알 수 있으며 이를 바탕으로 경쟁력을 높일 수 있는 개선방향을 찾을 수 있다. 오늘날 기업에게 상품 및 서비스의 차별화가 경쟁의 핵심임을 고려하면 VOC를 통해 고객을 잘 이해하고 제품개선에 적극적으로 반영하는 것은 경쟁우위 확보를 위한 중요한 활동이 된다. VOC에는 기업이 필요로 하는 고객의 니즈, 고객의 고충, 고객불만 개선을 위한 고객제안 등 많은 정보가 녹아 있으므로 어떻게 Customer Insight를 발굴하고 제품 경쟁력 개선에 활용할 것인가는 순전히 기업 담당자의 몫인 것이다.

VOC 관리가 중요해지는 또 하나의 이유는 인터넷의 대중화와 관련되어 있다. 특히 블로그, 카페 등의 개인화 커뮤니케이션의 발달은 기업의 마케팅 활동에 대한 고객반응 정보의 산파 역할을 톡톡히 하고 있다. 참여자 제한이 없고 파급이 빠른 인터넷 매체의 특성으로 인해 기업의 제품이나 서비스에 대한 고객의 VOC는 인터넷을 타고 급속하게 전파되고 회자된다. 이런 측면에서 기업은 VOC에 대한 민감도가 높아질 수밖에 없다. 기업은 사전적으로 긍정적 구전이 유발될 수 있도록 의도적인 노력을 해야 하며, 사후적으로는 이미 발생한 부정적 VOC가 부정적 구전으로 연결되지 않도록 신속한 대응을 해야 한다. 이렇게 VOC에 대한 관리는 갈수록 중요해질 수밖에 없으며, 기업의 경쟁력을 제고할 수 있는 수단으로 자리매김하고 있다.

마지막으로 VOC 관리가 중요한 이유는 고객불만 처리비용을 획기적으로 줄일 수 있기 때문이다. 기본적으로 고객의 불만을 처리하는 데는 처리시간이 길어지면 길어질수록 처리비용은 급격히 상승하게 된다. 예를 들면, 문제발생 즉시 처리하는 비용에 비해 주관부서로 이관하여 사후에 처리하는 비용은 보통 몇 배 이상으로 높은 경우가 많다. 따라서, VOC를 수집하고 유형별로 불만이나 Claim을 분류하여 분석한 후 솔루션을 찾아 동일한 불만이 발생되지 않도록 선행적으로 관리를 한다면 동일한 불만발생으로 인한 처리비용을 현저히 줄여 효율적인 고객불만관리를 할 수 있을 것이다. 이러한 불만관리 비용의 절감과 더불어, 선행적으로 VOC를 관리하면 발생될 수 있는 법적 리스크(Legal Risk)도 방지할 수 있게 되어 리스크 관리에도 많은 도움이 될 것이다.

이런 맥락에서 고객만족경영을 위한 전략적 수단으로서 VOC 특징에 대해 살펴보고 효과적으로 VOC를 활용할 수 있는 방안에 대해 논의해 보고자 한다.

2. VOC의 유형과 특징

VOC란 좁게 보면 고객센터나 인터넷 민원창구에 접수된 고객 문의나 불만접수 내용 정도로 이해할 수도 있겠으나 기업이 고객에게 제공하는 유무형의 제품, 서비스를 포함한 모든 기업활동에 대한 고객의 제반 반응이라는 넓은 의미로 이해하는 것이 더 적절하다. VOC의 유형은 정보의 형태와 특징, 활용목적, 자료의 출처에 따라 다양하게 구분해 볼 수 있다. 이 중에서 가장 쉽게 해볼 수 있는 구분은 자료의 형태와 특징에 따라 긍정적 VOC와 부정적 VOC로 구분하는 것이다. 일반적으로 VOC 하면 고객센터가 생각나면서 고객의 불만사항 접수와 같은 부정적인 측면을 연상하기 쉽지만 VOC에는 불만이나 클레임(Claim)을 제기하는 부정적인 내용 외에 제품이나 서비스에 대한 개선제안이나 추천에 대한 내용도 많이 포함되어 있다. VOC를 긍정적인 것과 부정적인 것으로 구분하는 핵심적인 이유는 무엇보다도 긍정적인 VOC와 부정적인 VOC의 활용도가 크게 차이 나기 때문이다. 〈표 V-1〉은 일반적으로 기업에서 긍정적 VOC와 부정적 VOC별로 VOC 관리가 무엇을 위해 필요하며 어디에 활용할 수 있는가에 대해

표 V-1 | VOC 관리의 동기요인

긍정적인 VOC	부정적인 VOC
• 사업 및 제품 포트폴리오 구성에 활용 • 고객통찰을 통한 지속적인 경쟁우위 요소 획득 • 전략적 차별화 포인트 개발 • 경쟁환경에 대한 이해 제공	• 고객과의 관계 개선 및 강화 • 고객불만 해소를 위한 비용 절감 • 전략적 차별화 포인트 개발 • 기업비전 및 철학의 구체화

보여준다.

VOC가 긍정적인 것이든 부정적인 것이든 공통적으로 전략적인 차별화 부분을 찾고 구현하는 데 도움을 줄 수 있다. 긍정적인 VOC는 사업이나 제품의 다각화와 관련된 포트폴리오 전략에 방향성을 제시해 주거나 아이디어를 줄 수 있고, 부정적인 VOC는 주로 고객과의 관계개선에 필요한 해결안을 찾을 수 있도록 도와줄 수 있다. 기업 입장에서는 가급적 VOC를 긍정적인 것과 부정적인 것으로 구분하고 그 속에 담겨 있는 고객의 소리를 경청하고 각각의 용도에 맞게 적극적으로 활용하려는 노력이 필요하다.

보다 세부적인 VOC 유형을 이해하기 위해서는 VOC 경로에 대한 상세한 내용을 살펴보아야 한다. 자료가 수집되는 경로에 따라 VOC의 종류는 〈표 V-2〉처럼 구분해 볼 수 있다.

표 Ⅴ-2 | VOC 발생 채널에 따른 구분

구분	VOC 채널	특징
자연발생된 VOC	• 고객센터 • 인터넷 상담센터 • 대외민원기관 : 소비자보호원 등 • 인터넷 포털 사이트 등	• 기업활동과정에서 자연적으로 발생 • 불만고객 중심의 부정적 VOC 비중 높음 • 통계적 대표성이 없음 • 사전적인 통제가 어려움
의도적으로 수집된 VOC	• 시장조사 (FGI, 개별 인터뷰, 관찰조사)	• 특정 마케팅 이슈나 문제 해결에 필요한 고객 목소리 • 사전통제에 의한 조사기획으로 전략적 활용도 높음

VOC의 종류는 VOC가 수집되는 경로에 따라 다양하나 VOC 발생경로가 자연적인 것이냐 의도적인 것이냐에 따라 크게 2가지 유형으로 구분할 수 있다. 자연적으로 발생되는 VOC는 기업의 경영활동이나 마케팅을 통해 고객 입장에서 자연스럽게 발생하는 고객의 문의나 불만내용 접수와 관련된 내용으로, 대표적인 것이 고객센터로 들어오는 전화상담 내용이다. 이를 간단히 고객센터 '인입콜(Inbound Call)' 이라 부르기도 한다. 고객센터의 인입콜은 자연발생적인 VOC에서 가장 높은 비중을 차지하고 있다. 이로 인해 상담원의 인입콜에 대한 응대방식이나 응대수준이 고객만족에 큰 영향을 주게 된다. 따라서 기업은 고객센터의 효율적인 응대체계와 상담원의

상담능력 향상에 많은 노력을 기울이게 된다.

고객센터 인입콜 외에 최근 들어서 자연발생적 VOC 생성 창구로 인터넷의 비중이 점차 증가하고 있다. 인터넷은 콜센터의 인입콜을 분산시킬 수 있는 좋은 대체채널로서 인터넷 사용이 용이한 젊은 고객에게 문의나 불만 사항을 해결할 수 있는 통로 역할을 해 주고 있다. 대부분의 회사에서는 '인터넷 고객센터' 혹은 '인터넷 상담센터'를 운영하고 있으며, 즉각적인 고객 피드백을 위해 적지 않은 인적 자원을 활용하고 있다.

고객센터, 인터넷 이외에도 고객의 직접적인 소리가 접수되고 관리될 수 있는 중요 창구로 소비자보호원, 청와대 민원실 등과 같은 대외 공공기관의 민원창구가 있다. 고객센터나 인터넷으로 인입되는 고객의 소리가 제품, 서비스에 대한 문의와 다양한 고객 불만성 클레임(Claim)으로 복잡하게 구성된 것에 반하여 민원기관의 VOC는 대부분 강성 고객불만 내용이다. 강성 불만은 자칫하면 회사의 기업이미지를 손상시킬 수 있으며 손해배상과 같은 법적인 문제를 야기할 수 있으므로 민감하고 조심스럽게 처리해야 한다.

고객센터, 인터넷 상담센터, 민원기관 등 3개 채널 이외에도 고객엽서, 고객의 소리함, 사원의 소리, 협력업체 소리, 인터넷 포털, 개인 블로그나 홈페이지, 상담사 입력 자료 등 자연발생적인 VOC 수집 채널은 다양하다. 이 모든 VOC는 고객이 자발적으로 회사 혹은 회사의 제품이나 서비스에 대해 의견을 줄 수 있는 채널로서 살아 있는 고객의 소리 그 자체를 제공해 준다는 점에서 매우 중요하다. 그러나 자연발생적인 VOC의 경우 불만고객 중심으로 접수된 내용이 많아 고객 전체의 목소리를 대변한다기보다는 고객들이 경험하는 고충 위주의 정보가 되기 쉽다. 다시 말해, 자료의 대표성을 보장하기 어려운 자료라고 말할 수 있다. 실제로 고객만족도 조사 결과를 보면 고객센터 이용경험이 있는 고객의 제품 만족도가 이용경험이 없는 고객의 만족도 점수보다 낮게 나타나는 경우가 많다. 이런 특징으로 인해 자연발생적 VOC는 주로 개선점을 찾고 이를 바탕으로 제품의 경쟁력을 강화하거나 이와 관련된 내부업무 프로세스를 개선하는 일에 많이 활용된다.

자연발생적인 VOC에 상반되는 개념으로 의도적으로 수집하는 VOC가 있는데, 이런 의도적 VOC는 대부분 시장조사 자료에 해당된다. 시장조사 자료는 조사의 유형과 방법론에 따라 다양하다. 일반적으로 구조화된 설문지를 통해 자료를 수집하고 분석하는 정량조사와, 비구조화된 글이나 말 위주로 분석하는 정성조사로 구분한다. 고객조사 자료는 사전적으로

의도된 조사설계의 기획방향에서 고객의 반응을 수집하고 분석한다는 점에서 앞서 언급한 자연발생적 VOC와는 성격을 달리한다. 시장조사 방법 중 특히 FGI(Focus Group Interview)나 개별심층 면접법(In-depth Interview)과 같은 정성조사 방법론이, 의도된 VOC를 획득하는 방법으로 자주 활용된다. 특정 이슈나 문제를 해결하기 위해 고객의 소리를 직접 듣고 정보를 획득하기 위해 사전설계된 구조화된 방식으로 고객의 반응을 점검하고 분석한다. 이렇게 사전에 계획된 설계에 의해 진행된다는 점에서 좁은 의미의 VOC에서 시장조사 자료를 VOC 범주에서 제외하는 경우도 많으나 시장조사 자료도 분명한 VOC의 한 가지로 분석되고 활용되는 것만은 틀림없다. 시장조사의 시의 적절한 활용을 통해 자연발생적인 VOC와는 달리 특정 목표고객을 중심으로 구체적인 목적에 부합하는 고객의 소리를 채취하고 Customer Insight를 도출하여 효과적으로 활용할 수 있다.

회사마다 전략이 다르고 시장에서의 경쟁적 위치가 다르기 때문에 활용하는 VOC의 유형에 있어 많은 차이를 보이지만 일반적으로 자연발생적 VOC는 고객불만 해소를 통한 고객만족을 위한 자료로 활용되며, 시장조사는 마케팅 전략, 상품개발, 시장 모니터링 활동을 위해 활용되는 경우가 많다.

3. VOC 관리를 위한 프레임워크

VOC 관리는 아래 [그림 V-1]에 제시된 것과 같이 'VOC 수집', 'VOC 자료처리와 분석', 'VOC 활용'의 3단계로 나누어 생각해 볼 수 있다. VOC의 효과적인 관리를 위해서는 VOC 관리 프로세스를 정립하고 이를 기반으로 현재 VOC 관리 시스템을 지속적으로 업그레이드하여 고객관리와 연계성을 갖고 전략적으로 활용할 수 있도록 해야 한다. 그러면, VOC 관리 프로세스 각 단계별 특징과 주요 고려점에 대해 살

그림 V-1 VOC 관리를 위한 프레임워크

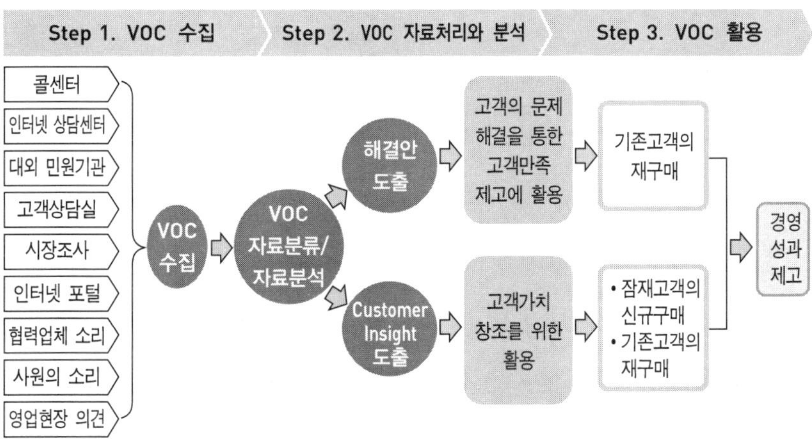

펴보자.

(1) VOC 수집

VOC 수집단계에서 가장 중요한 점은 접수창구의 다양화와 관련되어 있다. 고객이 느끼는 불편사항이나 문의는 언제 어떤 상황에서도 발생가능하다. 가장 많은 비중을 차지하는 VOC는 고객센터에 인입되는 전화내용이지만 채널 다양화를 통해 가급적 분산을 해 주는 노력이 필요하다. 인터넷을 통한 접수창구의 개방은 최근 들어 당연한 고객 관리(Care)의 한 가지로 간주되고 있어 '사이버 고객센터'란 이름으로 운영되고 있는 경우가 많다. 이외에도 '고객의 사서함', '사원의 소리', '영업현장의 소리'와 같은 사내 VOC 취합제도를 둠으로써 VOC를 효과적으로 수집할 수 있는 방법도 있다. 특정 고객의 VOC가 필요한 경우에는 시장조사를 통해 고객의 소리를 직접 듣거나 녹취할 수 있다. 주로 F.G.I.나 심층인터뷰 같은 정성조사를 실시하는 경우가 많지만, 고객만족도 조사와 같은 정량조사도 주관식 문항(Open-ended Question)을 활용하여 얼마든지 고객의 소리를 수집할 수 있게 해 준다. 국내 대기업이나 해외 글로벌 회사들은 대부분 정기적인 고객만족도 조사를 실시하고 있으며 주관식 문항을 통해 고객의 평가를 모니터링하고 VOC의 정성적 내용을 분석하고 활용한다.

수집 단계에서 또 하나 중요하게 고려해야 할 부분은 접수되는 VOC를 일관된 형태의 체계적인 데이터로 수집해야 한다는 것이다. 대부분의 VOC는 생생한 고객의 소리를 담고 있어 긴 문장으로 구성되어 있고 표현에 있어서도 감정적이며 일관성이 없거나 부정확한 경우가 많다. 심층적인 고객의 소리를 이해하기 위해서는 고객이 언급한 말 그대로를 기록하여 활용하는 것이 기본이지만 자료의 정량적 처리와 분석을 위해서는 정량적 코드 체계를 구축하고 이에 따라 코드(Code) 값을 입력해야 한다. 일관된 기준의 데이터 형태로 자료가 누적되고 관리되어야만 VOC를 통해 향후 고객의 니즈를 파악하거나 Customer Insight를 도출할 수 있다. 대기업의 경우 매일매일 발생하는 VOC가 수천에서 수십만 건에 달하기 때문에 VOC에 대한 사전 분류체계와 입력방식에 대한 표준화된 가이드가 절대적으로 중요하며 지속적으로 업데이트해 주어야 한다. VOC 자료를 입력하는 고객센터 상담원이나 직원에게 VOC 유형에 대한 자유도를 부여하여 주관적으로 평가하고 입력하게 하는 것은 매우 위험스런 일이다. 아무리 평가기준이나 입력방식에 대한 훈련과 교육이 체계적으로 잘 이루어졌다고 해도 VOC 내용이 너무나 다양하고 복잡하기 때문에 담당자 누구나 동일한 기준을 그대로 따르게 하고 표준화된 VOC 자료를 생성하게 만들 수 있도록 해야 한다. 표준화된 VOC 수집을 위해서 고려해야 할 관리포인트를 정리해 보면 아래와 같이 3가지로 요약해 볼 수 있다.

- VOC 기록 및 접수에 대한 정확한 룰셋팅(Rule Setting)과 사전 트레이닝(Training)
- VOC 코드 분류체계와 상세한 설명 및 공유
- 향후 고객 불만(Claim) 내용으로 분류될 VOC에 대한 정확한 규정

(2) VOC 자료처리와 분석

수집된 VOC를 잘 활용하기 위해서는 VOC 자료처리와 분석이 필요하다. 자료처리와 분석을 위해서는 앞서 이야기한 것처럼 정량화된 VOC 자료가 선행되어야 한다. 체계적으로 구분된 VOC는 정량적인 숫자로 대체되어 다양하게 활용될 수 있다. 다음은 VOC와 관련하여 가장 많이 사용하는 정량 자료의 예와 특징들에 대해 설명한 것이다.

① 전체 VOC 유형

- 일반적으로 단순문의, 불만내용, 제안사항, 단순 업무처리로 구분할 수 있다.
- 전체적으로 인입된 VOC의 구조를 이해할 수 있게 해 준다.
- 정기적인 추이 분석을 통해 관련 활동의 성과를 평가하고 개선하도록 할 수 있다.

② 상세 불만내용 유형

- 불만내용을 범주화하고 어떤 제품에서 어떤 불만이 나오는지를 파악하게 해 준다.
- 제품별 불만의 내용을 통해 제품의 경쟁력을 평가할 수 있다.
- 주기적으로 모니터링하여 제품의 개선 정도를 파악할 수 있다.

③ 고객의 제안내용

- 고객 제안내용의 특징을 파악하게 하고 향후 제품이나 서비스 개선에 활용할 수 있게 해 준다.
- 새로운 아이디어를 얻을 수 있다는 점에서 매우 유용한

자료다.

④ **VOC 최종 분석결과 자료**

- VOC에 대한 최종 분석결과를 통해 VOC가 몇 % 해결되었는지에 대한 정보를 제공한다.
- 해결된 VOC와 미해결된 VOC의 차이를 알게 해 주며 향후 미해결 VOC에 대한 원인분석을 통해 전략적 대응을 위한 정보를 제공한다.
- 최종 처리결과를 입력하는 체계화된 코드가 중요하다. 단지 해결, 미해결의 이분법적인 코드 입력이 아니라 해결된 정도를 상세히 나타내거나, 미해결 이유를 구체적으로 설명할 수 있는 상세한 코드체계가 뒷받침되어야 한다.

VOC를 잘 활용하기 위해서는 위에서 언급한 4가지 종류의 VOC 정량자료에 근거하여 고객관점에서 무엇이 문제점인지를 정확히 읽어내야 한다. VOC는 기업이나 기업이 속한 산업 종류에 따라 매우 복잡하고, VOC가 접수되는 다양한 경로 때문에 VOC Data를 통합하고 관리할 수 있도록 회사가 체계적으로 지원하는 일이 매우 중요하다. 기본적인 통계처리 방식인 VOC 빈도표나 집계표는 현업 부서에 신속히 전달되어 공유되어야 하며 이를 통해 향후 개선활동이 일어날 수 있도록 해야 한다. 단순 통계처리를 넘어 VOC 유형별 고객의 특징을 분석하고 고객별 대응방안을 모색한다거나 VOC 자료를 트랙킹(Tracking)하여 시계열적 특성을 분석하는 등 자료의 활용도를 높이기 위해서는 보다 복잡한 통계처리가 필요할 수 있다.

VOC의 자료처리를 위해 정량적인 자료가 중요하다고 강조를 해 왔지만 그랬다고 해서 정량적인 자료만 중요하고 정성적인 고객 VOC는 불필요하다는 것을 말하는 것은 아니다. 자료의 방대함이나 복잡성을 들어 VOC 정량화의 중요성을 강조한 것이며 정성적인 자료도 나름대로 충분한 가치를 지니고 있다. 예를 들면 상담사가 고객과의 상담내용을 기록한 '상담일지' 나 '상담메모' 와 같은 텍스트(Text) 내용이다. 정량적인 자료는 주로 숫자로 표현되는 것이 많아 고객에 대한 Insight를 직접적으로 제공하는 데 한계가 있어 고객이 상담한 내용(Verbatim)을 직접 읽거나 들어 보는 것이 고객을 이해하는 데 효과적일 수 있다. 이런 관점에서 VOC 상담내용이나 상담결과에 대한 메모내용에 관심을 갖고 필요시 활용할 수 있어야 한다.

최근에는 텍스트 마이닝(Text Mining)이라는 고급 통계기법이 도입되어 '문자'로 된 VOC를 부호화하지 않고도 통계처리를 할 수 있는 수준까지 도달한 상태다. 상담내용이나 상담사 메모내용을 사전적으로 코드화하지 않고 키워드(Key Word) 중심으로 빈도를 추출하고 군집분석(Cluster Analysis)에 의해 '문자'로 된 정보를 바로 정량화할 수 있게 해 준다. 아직은 분류의 정확도와 활용도에 이슈가 많지만 향후 문제점이 보완되면서 일일이 수작업으로 진행했던 VOC 분류작업이 자동화될 수 있을 것으로 예상된다.

(3) VOC 공유와 활용

앞에서 언급한 것처럼 VOC 활용의 중요성은 갈수록 더 높아질 것이다. VOC의 활용은 꾸준히 진화되어 왔다. 처음에는 단순업무 처리를 위해 VOC를 수집하여 VOC의 유형을 구분하고 유관부서에 전달하는 수준에서 활용되었다. 그러나 VOC 활용이 중요해지면서 VOC에 대한 전사차원의 전달, 공유, 관리가 진행되었고 이를 지원하기 위한 'VOC 고객응대시스템'이라는 시스템 인프라 스트럭처의 지원이 필요하게 되었다. 더 나아가 고객의 데이터를 축적하고 고객의 니즈를 분석하여 마케팅에 활용하는 '고객관점 CRM 시스템'으로까지 발전하게 된다. VOC를 얼마나 잘 활용할 수 있는가는 VOC

그림 V-2 VOC 관리시스템의 발전방향

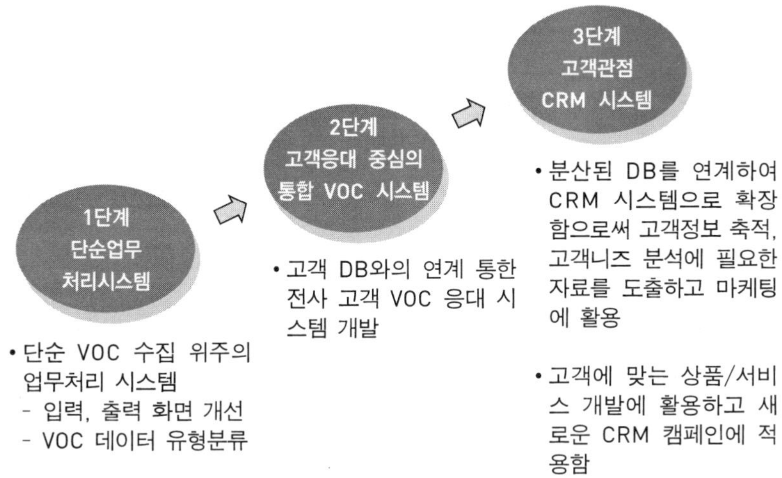

활용에 대한 전략방향과 그에 따른 IT 시스템 지원이 밀접한 관계를 갖고 있다. [그림 V-2]는 VOC 공유와 활용에 관련한 VOC 시스템의 발전방향에 대한 단계를 설명해 준다.

회사에 따라 VOC 활용과 지원 시스템의 내용이 상이하겠지만 대다수의 우수 기업들은 이미 고객관점의 CRM 시스템을 구축하고 VOC 활용을 하나의 CRM 활동으로 연계하여 활용하고 있다. VOC에 대한 활용이 단순한 고객불만의 개선에 있지 않고, 향후 고객과의 관계가치 증대에 필요한 CRM 캠페인이나 내부 프로세스 개선에 필요한 인텔리전스(Intelligence) 역할을 하기 때문이다.

4. VOC의 전략적 활용방안

VOC 관리 목적은 VOC를 전략적으로 활용하여 고객만족도를 높이며 궁극적으로 고객만족경영의 목적을 달성하는 것이다. 앞서도 이야기했지만 구체적으로 VOC를 어떻게 활용할 것인가는 기업의 전략이나 그 기업이 속한 산업의 특징에 따라 많이 달라질 수 있다. 무엇보다 중요한 것은 VOC를 적극적으로 활용하려는 기업의 의지와 이를 뒷받침해 주는 조직과 시스템 인프라 스트럭처일 것이다. 단순히 고객의 VOC를 유관부서에 이관하고 VOC를 해결했다고 생각하는 기업이 있는 반면 VOC의 재발을 막기 위해 회사 내부의 업무 프로세스를 정비하고 개선하는 적극적인 기업도 있을 것이다. 기업이 VOC를 어떻게 활용할 것인가에 대해 아래와 같이 3가지 단계를 제시하고 자세히 논의해 보고자 한다.

- 1단계 : VOC에 대한 신속한 대응 및 복구(Recovery)
- 2단계 : VOC 근본원인 해결을 위한 업무 프로세스 개선
- 3단계 : 신규 혹은 유사 서비스 개발을 위한 Customer

Insight 적용 및 활용

(1) VOC에 대한 신속한 대응 및 해결

VOC가 발생된 경우 가장 중요한 것은 VOC의 내용을 확인하고 내용에 따라 신속하게 대응하는 것이다. 신속한 VOC 대응을 위해서는 먼저 VOC 유형별 신속한 대응 프로세스와 대응방식에 대한 정확한 업무규정이 필요하다. VOC의 내용 중에 관리가 필요한 VOC는 '단순문의'와 '불만 접수내용'으로 구분할 수 있다. 일반적으로 고객들은 제품에 이상이 생기거나 뭔가 모르는 것이 발생하면 콜센터에 전화를 걸게 된다. 이같이 발생하는 '단순문의'의 VOC는 정보를 제공하는 채널의 효과적인 운영을 통해 사전적으로 관리할 수 있다. 고객이 잘 모르거나 오해가 있을 만한 정보에 대해 회사 홈페이지, 제품 매뉴얼, 사내에서 운영하는 게시판 등에 잘 이해할 수 있도록 공지하거나 전달했다면 고객의 단순문의 전화는 그만큼 감소할 것이다. 단순문의와 관련하여 인입되는 고객센터의 콜은 기업 입장에서 불필요한 낭비성 VOC로 고려될 수 있으며, 이에 대한 기업의 적극적인 감소 노력이 수반되어야 한다. 사전적으로 잘 방어했으면 인입되지 않을 VOC라는 의미로 단순문의 콜을 '비부가가치콜'이라고 부르기도 한다. 불필요한 문의전화는 콜센터 인력 활용에 문제를 야기할 수 있으며 비용의 낭비를 갖고 온다. 단순문의에 관해서는 신속한 대응 차원보다는 사전적으로 정보를 제공할 수 있는 채널의 효율화 관점에서 해결하려는 노력이 필요하다.

단순문의의 경우는 비교적 해결방법이 용이하고 문제될 만한 이슈가 없는 것이 일반적이다. 보다 신속한 대응 및 해결이 요구되는 중요한 VOC는 고객의 불만내용에 해당되는 부정적 VOC일 것이다. 부정적 VOC에 대한 신속한 해결이 되지 않는 경우 민원이 발생하거나 법적인 소송문제로 이어지는 경우도 적지 않다. 부정적인 VOC의 신속한 해결을 위해서는 무엇보다 문제해결 프로세스가 구축되어 있어야 한다. 부정적 VOC의 종류가 기업에 따라 수백, 수천에 이르는 경우가 많기 때문에 VOC별로 처리할 수 있는 업무 프로세스와 규정을 사전적으로 정의해야 하며, 이에 대한 교육도 진행해야 한다. 1차적인 대응은 고객과 직접 마주하고 있는 상담원이나 직원이 하겠지만, 즉석에서 해결되지 않는 복잡한 VOC에 대해서는 처리 프로세스에 따라 신속하게 처리될 수 있도록 해야 한다. 어떤 VOC는 담당부서가 없거나 다양한 부서가 복잡하게 얽혀 있는 Cross-functional한 이슈를 포함하고 있다. 이런 부분까지 포함한다면 VOC에 나타난 문제해결 프로세스는 단순한 업무가 아니라 고객을 어떻게 생각하고 어떻게 응대해야 하는지를 다루는 매우 복잡한 문제를 포함하게 된다. 아래 〈표 V-3〉은 VOC 접수채널별 신속한 대응을 위한 VOC 수집 및 처리방식과 해결방법에 대한 간단한 가이드를 제시해 준다.

표 V-3 | 채널별 VOC의 신속한 처리 가이드

접수채널	수집 및 처리방식	신속한 해결방법
고객센터	• 상담코드 • 상담결과 코드	• 규정에 의한 상담코드별 처리 • 미해결 문제에 대한 현업처리 이관 및 F/U
인터넷	• 주요 사이트 동호회 • 안티사이트(Anti-site) 검색	• 답변, 댓글 작성 및 부정적 컨텐츠 삭제 • 특정 주제에 관한 부정적 내용을 현업에 신속하게 피드백하고 F/U
영업접점	• 대리점, 판매점에서의 고객상담 접수코드	• 현장에서의 1차적 해결 • VOC 원인파악 후 담당자 피드백 및 F/U

기업은 VOC를 어떻게 처리하고 어떤 해결 프로세스를 운영할 것인가에 대해 깊이 있는 고민을 해야 한다. 성공적인 VOC 처리 프로세스를 운영하기 위해서 일반적으로 꼭 고려

해야 할 내용으로 다음과 같은 3가지를 생각해 볼 수 있다.

- 문제해결을 위한 처리부서에 대한 권한이양(Empowerment)
- 성과측정 체계
- 동기부여를 위한 보상체계

신속한 문제해결을 위해서는 항상 일에 상응하는 권한을 갖고 있어야 한다. 그렇지 않은 경우 유관부서로 VOC 내용을 전달하고 끝내려고 한다. 정확한 권한을 주고 고객의 VOC를 가급적 즉석에서 해결할 수 있도록 해 주어야 한다. 권한부여 이외에도 고객 클레임(Claim) 처리 결과에 대한 성과를 주기적으로 측정하고, 우수 처리자에게는 성과에 상응하는 보상이 주어져야 한다.

(2) VOC 근본원인 해결을 위한 업무 프로세스 개선

VOC에 대한 우선적인 과제는 즉각적인 고객 문의나 불만에 대한 해결책을 제시해 주는 것이다. 그러나 특정 VOC가 반복적으로 발생하거나 발생빈도가 많은 경우라면 VOC에 대한 일시적인 사후처리는 효과적이지 않다. 동일한 VOC의 반복적 발생을 고려해 본다면 재발방지를 위한 업무 프로세스나 상품의 근본적인 개선활동이 보다 더 중요할 것이다. 근본적인 개선을 통해 VOC 발생원인을 제거하는 것이 사후적인 고객 클레임 응대보다 효과적이다. 앞서 고객센터로 인입되는 단순문의 콜을 줄이기 위해서는 사전적으로 고객에게 정보제공 채널을 확대하고 정확한 정보가 제공될 수 있도록 하여 단순문의 콜 발생 자체를 줄여야 한다고 했다. 이처럼 단순문의 VOC를 근본적으로 줄이는 방법은 비교적 쉽다고 볼 수 있다. 반면에 고객불만 VOC를 근본적으로 줄일 수 있는 방법은 훨씬 복잡하고 어렵다. 불만 VOC의 근본적인 원인을 발견하고 재발이 일어나지 않도록 하기 위해서는 다음과 같은 단계를 거쳐 진행할 수 있다.

- 1단계 : 재발하는 VOC를 신속히 발견하기 위한 VOC 관리체계 구축
- 2단계 : VOC 재발의 원인 파악과 솔루션 개발
- 3단계 : 재발방지를 위한 솔루션의 적용 및 사후 모니터링

먼저, VOC에 대한 정기적인 모니터링을 통해 재발되는 VOC의 내용을 파악하는 일이 선행되어야 한다. 재발 VOC

를 발견하기 위해서는 VOC 내용의 유형별 빈도가 가장 중요한 정보가 된다. 따라서 기업은 잘 분류된 VOC 코드를 갖고 있어야 하며 주기적으로 빈도를 트랙킹할 수 있는 VOC 관리 체계가 구축되어 있어야 한다. 그리하여 고객이 무엇을 궁금해하고, 무엇을 힘들어 하는지 한눈에 알 수 있게 해야 한다. 빈도가 높게 나타난 고객불만 VOC에 대해서는 근본적인 원인을 파악하고 그에 맞는 해결책을 강구해야 한다. 근본적인 원인의 경우 제품 자체에 문제가 있거나 업무 프로세스상의 문제가 있을 수 있다. 일단 해결책이 강구되면 선행적으로 실행하고, 실행 후 VOC를 모니터링하고 결과를 측정하여 데이터로 다시 수집한다. 이렇게 수집된 데이터를 분석하여 지속적으로 개선할 수 있도록 해야 한다.

고객불만 VOC에 대한 일시적인 처방을 넘어 근본적인 개선을 하기 위해서는 비용, 시간, 인적 자원의 모든 측면에서 많은 비용이 발생할 수 있다. 그럼에도 불구하고 VOC가 지속적으로 발생한다면 일시적인 대응보다는 근본적인 해결책을 구축하는 것이 장기적으로 효과적이다. 〈표 V-4〉는 어느 국내기업에서 부정적인 VOC를 근본적으로 해결한 좋은 사례를 보여준다.

스팸문자와 관련한 고객의 불만 VOC의 경우 일시적인 사

표 V-4 | 고객불만 VOC에 대한 근본적인 해결방안의 예

VOC 사례	고객상황	일시적인 대응	근본적인 해결
스팸문자	• 지속되는 스팸 문자 수신 및 Callback 유도 전화로 고객불만 가중	• 고객에게 사과하고 민원고객에 대해 스팸으로 발생한 요금 비용 할인 적용	• 스팸번호에 붙어 있는 연결번호(Callback 넘버)에 대한 차단 시행 • 일 1천 건 이상 SMS 발송번호 실시간 자동차단 시스템 개발 및 적용
요금의 이중납부	• 고객이 요금을 수납했는데도 자동이체에서 중복으로 인출됨	• 요금을 환불해 주고 사과함 • CRM Outbound 캠페인을 통한 고객 케어 활동	• 자동이체 수납 반영일 단축 • 가상계좌 입금액 상이시 • 은행 수취거부 서비스 시행

과나 보상을 제공하기보다는 스팸번호로 인식할 수 있는 특정 전화번호를 사전에 차단할 수 있는 고객서비스를 제공하고, 일정 수준 이상의 SMS 발송번호를 실시간으로 자동차단해 주는 서비스를 제공해 줌으로써 스팸문자 발생을 근본적으로 제거해 줄 수 있었다. 또한 많은 기업들이 고생하는 고객의 이중요금납부와 관련한 부정적 VOC에 대해서도 근본적인 해결방안을 통해 문제를 해결하였다. 요금의 이중납부 불만 VOC는 주로 요금납부 방법을 자동이체로 하는 고객에게 발생한다. 예를 들면 요금 자동이체 출금일에 고객이 통장에 잔고가 없다고 생각하고 요금을 직접 납부하는 경우 이중납부가 발생

하게 된다. 은행에서 인출된 요금납부 데이터가 회사로 넘어오는 데 평균 2일 정도가 소요되기 때문에 고객이 직접 납부하는 경우 자동인출 사실을 모르고 이중납부하게 되는 것이다. 이중요금납부는 고객의 강한 클레임을 살 수 있기 때문에 매우 신중한 처리가 필요하다. 이중납부에 대한 정중한 사과는 물론 환불을 진행하는 것이 일반적이지만 이것은 일시적인 사후처리의 한 가지에 불과하다. 해당 서비스회사는 요금이중납부의 근본적인 해결을 위해서 통장잔고의 인출 데이터를 당일에 사내 전산에 반영하는 업무 프로세스를 개선하여 자동이체 수납 반영일을 기존의 2일에서 1일로 단축하였고, 은행에서 고객이 연체요금을 수납할 때 회사와 바로 연결하여 가상계좌 입금액 상이시 은행수취가 거부되는 서비스를 개발하여 이중요금납부의 근본원인을 해결하고 고객의 편의를 증진하였다.

사례에서 보듯이 부정적 VOC는 일시적인 개선보다는 근본적인 개선을 통한 재발방지를 통해 장기적인 효과를 낼 수 있다. 단기적으로는 일시적인 처방보다 많은 비용이 소요될 수 있지만 장기적인 관점에서 고객이미지 개선은 물론 관리비용의 감소로 누적적인 혜택을 지속할 수 있다. 근본적인 개선을 뒤로 미루다 보면 시간이 가면 갈수록 비용이 증가하는 악순환의 고리를 만들 수 있다. 반복적인 문제가 발생하면 조기에 근원적인 해결을 하는 것이 가장 현명한 선택이 될 것이다.

(3) 고객 Insight의 신규 혹은 유사 서비스 적용 및 활용

VOC를 고객의 단순문의 혹은 불만의 목소리라고 이해하는 것은 VOC 속에 숨어 있는 고객의 니즈와 관련한 많은 Insight를 충분히 고려하지 못한 생각이다. VOC에 기반한 고객의 Insight는 기존제품을 개선하거나 신제품을 출시하는 경우 혹은 유사한 제품을 개발할 경우에 제품의 경쟁력을 개선할 수 있는 좋은 기회를 제공해 줄 수 있다. 이를 통해 사전적으로 고객의 불만을 감소시킬 수 있는 방안을 제시해 주고 궁극적으로 기업의 경쟁력을 지속적으로 강화시킬 수 있는 선순환의 시작 포인트가 될 수 있다. 휴대폰 제조회사의 경우 새로 출시된 휴대폰의 고객반응을 알기 위해서 '세티즌'(Cetizen)이라는 휴대폰 전문 사이트에서 제품에 대한 평가자료를 모아 분석한다. 좋은 글보다는 부정적인 VOC가 많이 있지만 고객의 사용평가 후기나 제품별 평가내용을 보면 차기 휴대폰 개발시 문제가 재발되지 않도록 하기 위해 어떻게 해야 할지를 알 수 있게 된다.

특히 인터넷 매체는 채널 특성상 제품에 대한 불만사항을 많이 담고 있는 편이다. 그러나 인터넷에 올라온 고객의 VOC를 잘 활용한다면 새로운 차원의 제품 개선방안이나 전략방향성에 대한 아이디어를 얻을 수 있다. 마케팅과 관련된 대부분의 VOC가 시장조사 형태로 수집되고 있지만 향후 고객센터, 인터넷, 영업현장에서 수집되는 VOC의 활용도는 계속적으로 증가하고 중요해질 것이다. VOC를 통해 고객 Insight를 도출하고 기업의 이미지를 제고하거나 기업의 경쟁력을 높이는 데 어떻게 활용할 것인가에 대한 보다 적극적인 고민을 해야 할 것이다.

5. 효과적인 VOC 관리를 위한 제언

그 어느 때보다도 '고객관점'이라는 키워드(Key Word)가 중시되고 있다. 마케팅은 물론, IT, 경영기획, R&D, 생산 등 전 분야에 이르기까지 고객의 생각에 집중하고 고객의 요구에 대응하라고 요청받고 있다. 갈수록 고객에 대한 기업활동의 노출은 확대되고 투명해질 것이다. VOC 표출창구도 다양화되고 활성화되고 있다. 이런 환경의 변화 속에서 고객관점의

VOC 관리와 활용은 VOC 담당자, 담당부서의 일로 끝나는 것이 아니라 전사 차원의 변화를 요구하고 있다. VOC는 고객에게 발생한 문제점을 개선하기 위한 전사 차원의 프로세스와 업무개선 노력을 통해 좋은 성과로 연결될 수 있다. 시장경쟁에서의 차별화가 어려운 시장환경을 고려할 때 VOC에 대한 전략적 관리와 활용은 기업의 경쟁우위를 가능하게 할 수 있는 효과적인 수단이 될 수 있다. 과거 VOC에 대한 수동적인 업무처리를 벗어나 기업 전체가 VOC를 능동적인 관점에서 바라보고 적극적으로 해결하려는 노력을 기울여야 한다.

전사 차원의 VOC 관리를 위해서는 무엇보다 CEO와 경영진의 추진의지가 중요하다. 다행히 국내에서도 많은 기업들은 VOC의 중요성을 인식하고 이에 대한 전사 차원의 관리체계를 만들고 경영진회의를 통해 VOC 관리를 강화하고 있는 것으로 알려져 있다. 국내의 몇몇 기업에서는 심지어 회사의 주요 KPI(Key Performance Indicator)에 VOC와 관련된 관리지표를 적극 활용하고 있다. 이런 기업들은 고객의 VOC 전체건수, One-stop 처리율, 대외 민원기관 접수건수 등을 활동지표로 관리하고 각 부서별 VOC 개선 진척도를 면밀히 모니터링하여 성과평가에 반영하기도 한다. 또한 VOC를 Customer Insight의 보고로 인식하고 제품개선, 신규 사업기회 발굴, 전략 수립에도 적극 활용한다. VOC 관리는 더 이상 고객만족을 위한 수단에 머무르지 않고 향후 기업의 Customer Intelligence[4] 강화를 위해 활용되어 기업의 경쟁력을 업그레이드하는 데 더욱 중요한 역할을 담당하게 될 것이다.

4) Customer Intelligence란 여기서는 고객 데이터를 수집, 저장, 활용하는 기업의 역량으로 간주한다.

Ⅵ. 직원만족 없이는 고객만족도 없다

어느 시대를 막론하고 어떤 환경하에서도, 기업의 성과는 그 기업의 내부구성원들에 달려 있다. 이는 기업의 모든 활동의 주체는 내부구성원인 직원이기 때문이다. 오늘날과 같이 경쟁이 심화된 시장상황에서는 기업의 명운을 좌우할 내부구성원들의 실행이 더욱 중요하고 기업경쟁력의 원천이라 할 수 있다. 모든 접점에서 고객이 만족한 경험을 한다는 것을 뒤집어 생각해 보면 그만큼 접점에서 고객을 응대하는 직원들이 이러한 결과가 나올 수 있도록 올바른 실행을 했다는 것을 의미한다. 그러므로 진정한 고객만족은 이를 위한 직원들의 동기부여와 실행에 달려 있다. 그런데 이러한 직원들의 실행과 성과는 그들의 만족, 즉 직원만족 없이는 잘 되기 어렵다. 따라서 "직원만족(Employee Satisfaction)없이는 고객만족(Customer

Satisfaction)도 없다"라고 해도 지나친 말이 아닐 것이다. 이렇게 고객만족경영에 있어서의 직원만족이 얼마나 중요한지를 공감할 수 있다면, 고객만족경영이 기대하는 결과를 내기 위해서는 반드시 짚고 넘어가야 할 것이 바로 직원만족이다. 따라서 여기서는 기업이 직원만족을 통해 고객만족을 이루기 위해서는 무엇을 해야 하는지에 대해 두 가지 질문을 중심으로 논의해 보고자 한다. 우선, 고객만족경영과 관련하여 고객만족경영의 프레임워크 내에서 직원들의 실행과 성과는 어떻게 연결되는가? 또한 무엇이 직원들로 하여금 고객에게 만족한 경험을 제공하도록 동기를 부여하여 실제로 성과를 낼 수 있게 하는가? 이 질문들에 대한 답변으로 실행의 주체가 되는 직원들의 동기부여, 직원 만족요인, 성과를 내기 위한 교육, 사후성과에 대한 평가와 보상 등을 논의해 보아 올바른 실행을 위해 어떤 것들이 필요한지 살펴보도록 하자.

1. 직원만족을 포함한 Extended CSM Framework

먼저 고객만족경영의 프레임워크 내에서 직원은 어느 부분에서 어떻게 연결될 수 있는지를 논의해 보자. 고객만족경영은 기본적으로 상품품질, 디자인, 서비스, 가격 등의 고객만족인자를 중심으로 개선활동을 전개하여 고객들이 느끼는 전반적 만족도를 높이고자 한다. 이러한 고객만족경영에서 전개되는 개선활동의 주체가 바로 직원이다. 즉, 개별 부서의 내부 직원들은 담당하는 고객만족인자에 대해 그 기업의 현재 수준을 이해하고 개선이 필요한 부분을 찾아 무엇을 어떻게 하면 고객만족성과를 제고할 수 있을지 또한 실행은 어떻게 해야 되는지를 찾아내어 실행으로 옮기게 된다. 이러한 개별 담당 부서에서 일하는 내부구성원들의 노력이 바로 고객이 평가하는 고객만족수준으로 나타나게 되는데 이를 위의 [그림 VI-1]에서 정리해 보았다.

그림 VI-1 직원만족을 포함한 Extended CSM Framework

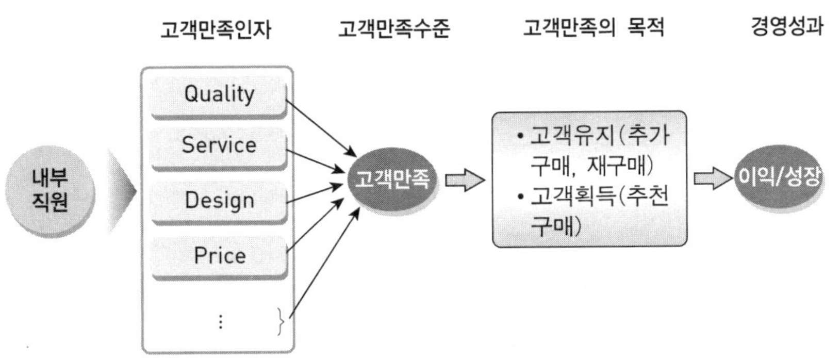

앞에서 정의했듯이, 고객만족경영이란 고객이 제품이나 서비스를 구매하여 사용한 후 이에 대한 전반적 평가를 통해 갖게 되는 만족수준을 개선하여 기존고객을 유지하거나 기존고객의 추천을 통해 신규고객을 획득하고자 하는 경영방식이다. 실행면에서는 상품품질, 서비스, 디자인, 가격 등 고객만족을 주도하는 다양한 인자에 대해 자원과 역량을 집중함으로써 달성하고자 하는 고객만족의 목적을 위해 고객만족도 수준을 높여 나가게 된다. 위의 그림에서 볼 수 있듯이, 이러한 고객만족도 개선을 위해 고객만족인자에 대해 다양한 활동을 하는데, 이 활동의 주체가 바로 내부구성원인 직원이 된다. 그리고 개별 고객만족인자를 담당하고 있는 부서 직원이 실행을 어떻게 하느냐에 따라 고객만족경영의 성과가 달라지게 마련이다. 그렇다면, 자기가 하는 일에 만족을 느끼는 직원들은 그렇지 못한 직원들에 비해 자연히 고객만족을 위한 활동에서 적극적이고 높은 직무성과를 낼 것이다. 결국, 직원의 만족은 바로 고객만족경영 성과의 핵심 요건이 되는 것이다. 고객만족경영을 실행하고 있는 많은 기업에서 간과하고 있는 부분으로 고객만족경영이 잘되지 않고 있는 원인 중의 하나가 바로 직원만족을 위한 동기부여와 성과에 대한 보상체계이다. 그렇다면, 내부구성원인 직원들의 행동을 유도하여 적극적으로 고객만족활동에 몰입하여 성과를 창출하게 하려면 무엇을 해야 하는가? 좀 더 구체적으로, 무엇이 직원들로 하여금 고객에게 만족한 경험을 제공하도록 동기를 부여하여 실제로 성과를 낼 수 있을까? 이 질문에 대한 답변을 다음 절에서 찾아보도록 하자.

2. 직원만족을 위한 요건들

직원들은 기업활동의 주역으로 이들을 위한 동기부여가 적절히 되지 않는다면 기업이 필요로 하는 성과를 낼 수가 없다. 그렇다면 직원들에게 동기를 부여할 수 있고 사후적으로 만족을 느끼게 하여 성과를 내도록 하기 위해서 기업은 무엇을 해야 하는가? 이 질문에 대한 답변을 하기 위해서는 먼저 기업은 내부구성원인 직원들이 만족을 얻을 수 있는 직원만족인자(Employee Satisfaction Driver)는 어떠한 것들이 있는가를 이해해야 한다. 그리고 이러한 인자들에 대해 무엇을 어떻게 하여 직원에게 동기를 부여하고 만족을 줄 수 있는지를 밝혀내어 실행으로 옮겨야 기대하는 성과를 얻을 수 있다. 여기서 한 가지 꼭 강조하고 싶은 것은 고객만족을 위해 담당부서 직원들이 하는 활동이 일상업무와는 별도의 추가적인 활동이 되어서는 안 된다는 점이다. 담당부서의 직원들이 수행하는 역할과 기능이 바로 그들이 매일 실행하고 있는 일상업무가 되어야만 올바른 성과를 낼 수 있다. 예를 들어, 고객서비스 수리기사로서 고객과 약속한 시간에 도착하여 수리서비스를 위한 정확한 진단과 설명, 수리를 위한 합리적 제안, 고객에게 신뢰와 만족을 줄 수 있는 태도와 언행, 그리고 수리 후 고객만족을 위한 점검 등은 일상적인 일이 되어야 하는 것이지, 고객만족을 위해 별도로 해야 되는 일이 되어서는 안된다. 그러므로 직원들이 실행하는 일상업무에 고객만족을 위한 활동들이 녹아져 있도록 업무설계가 선행되어야 한다.

그렇다면 직원의 만족을 주도하는 인자들에는 어떠한 것들이 있는가? 다시 말하면, 기업이 어떠한 여건하에서 무엇으로 직원에게 동기를 부여하고 만족감을 주어 고객만족과 관련하여 실제 성과를 내도록 할 것인가? 직원만족을 위한 인자들을 생각해 보면, 개인직무, 보상/승진, 교육/훈련/자기계발, 업무의 장래성/비전, 인간관계, 조직문화, 조직의 가치관, 조직 내의 의사소통, 업무환경, 조직원 간의 인간관계, 조직의 분위기/사기 등이 자주 언급된다. 이러한 직원만족인자들은 크게 분류해 보면, 보상과 관련된 금전적인 인자들과 이외의 모든 비금전적인 인자들로 양분할 수 있다.

먼저 개인 직무의 보상관련 직원만족인자들을 살펴보면, 인간은 경제주체로서 본능적으로 무엇보다도 자신의 이익을 추구하는 경제적 존재이다. 직원이 열심히 일하려는 동기의 원천적 요인도 개인의 이익추구와 밀접한 관련이 있다. 그러므로 이러한 금전적 보상을 통한 동기부여는 실제 행동의 변화도 유발하게 되므로 결국 성과에 있어서도 차이를 가져오게 마련이다. 이런 관점에서 보면 성과에 대한 보상은 실제 성과를 좌우할 수도 있기에 매우 중요하고 실행 전에 많은 생각과 고민으로 적절한 평가와 보상체계를 마련하여야 한다. 이에 여기서는 직원의 동기부여와 만족을 위해 지켜져야 할 보상체계의 몇 가지 원리를 제시하고자 한다.

- 개별 직원에게 동기를 부여하고 직원만족을 주기 위해서는 개인의 성과가 정확히 측정되어 가능한 객관적인 평가와 이에 맞는 보상이 주어져야 한다. 이렇게 함으로써 성과가 보상과 확실하게 연결되어 있다는 것을 보여주어야 직원의 동기부여가 가능하다. 동시에, 성과보상에 대한 크기가 같은 기업 내의 유사한 직군이나 경쟁기업의 동일한 직군 대비 낮지 않아야 한다. 유사한 또는 같은 일을 하고 동등 또는 더 높은 성과를 냈는데도 다른 곳보다 낮

은 보상을 받는다면 사기가 떨어져 동기부여나 직원만족도 어려울 뿐 아니라 직원이탈이 발생할 수도 있다. 또 한 가지 개별 직원의 성과 평가와 보상과 관련해서는 실제 성과를 내는 직원과 뚜렷한 성과를 내지 못하는 직원을 확실하게 차별화하여 보상의 차이가 확연해야 직원들에게 동기부여와 사후 성과보상에 대한 만족을 줄 수 있다. 이와 더불어 단기성과에 의한 보상뿐 아니라 앞으로의 업무성과를 통한 장래성/비전 등도 직원만족인자가 될 수 있으므로 동기부여나 실행성과에 영향을 줄 수 있다.

- 개별 직원들의 성과를 정확히 측정하여 보상으로 연결시키기 위해서는 직원들이 실행할 때 따르는 실행프로세스를 잘 설계하여 개별 직원들의 활동이 측정될 수 있는 Operational Metrics를 설정해야 한다. 동시에, 개별 직원의 성과가 어떻게 부서별 성과 또는 그룹단위의 성과에 연결되는지도 볼 수 있어야 하므로 그룹단위의 성과측정도 반드시 갖추어져야 한다. 특히, 부서별 또는 그룹단위에서는 재무성과의 측정이 가능한 경우가 많으므로 개별 직원의 활동이 어떻게 재무성과와 연결되는지를 볼 수 있도록 프로세스를 설계하는 것이 반드시 필요하다.

• 성과지표에 관해서는 현재 주로 사용되고 있는 고객만족 점수를 전반적 만족도가 아니라 담당기능 부서별로 측정하거나 고객들의 경험 이벤트별로 구분하여 고객의 만족도를 측정할 수 있는 형태로 서베이를 구성하고 적절한 대상고객에게 실시하여 서베이데이터를 수집한다. 그러나 이러한 서베이데이터는 앞에서 언급한 대로 실제 행동을 보여줄 수 있는 것이 아니므로 서베이데이터와 더불어 현업활동에 관한 데이터(Operational Data)를 추가적으로 사용하여 성과측정을 보완하는 것이 필요하다.

보상 이외의 직원만족인자들은 조직 내의 의사소통, 교육/훈련/자기계발, 조직문화, 업무환경, 조직원 간의 신뢰나 인간관계 등을 들 수 있다. 이러한 보상관련 이외의 직원만족인자들은 때론 개인의 보상관련 인자보다 더 중요할 수 있어, 아무리 보상에 만족한다 하더라도 이탈하는 직원들을 종종 볼 수 있다. 따라서 이러한 보상 이외의 직원만족인자들 역시 직원들에게 동기부여를 줄 수 있어 기업의 성과에 중요한 부분이 된다. 보상 이외의 직원만족인자들에 대한 원리를 생각해 보자.

- 무엇보다도, 기업이 전사적으로 추진하고자 하는 고객만족경영에 대한 구체적인 의사소통은 개별 직원이 이를 이해하고 동기를 갖게 하는 데 중요한 부분이다. 무엇을 언제까지 어떻게 해야 하는지에 대한 명확한 커뮤니케이션이 되지 않으면 실행을 담당하는 직원들은 잘 알 수도 없어 효과적인 실행을 할 수 없게 되기 쉽다. 이렇게 되면 실행하는 직원들은 동기를 갖기 어렵게 되고 결국 일에 대한 만족을 못 느끼게 되어 좋은 성과를 내기도 어렵다. 예를 들어, 고객감동을 외치면서 고객감동은 고객의 어떠한 상태를 의미하며 어떻게 측정하며 무엇을 어떻게 해서 고객을 감동시킬 것인지에 대해 충분한 의사소통이 없다면 직원은 무엇을 언제까지 어떻게 해야 하는지에 대해 잘 알지도 못한 채 실행하게 될 것이다. 그렇게 되면 직원의 사기는 당연히 떨어지게 될 것이고 업무만족도도 낮아지게 되어 좋은 성과를 내기가 어렵게 되기 마련이다. 따라서 기업이 추진하고자 하는 고객만족경영에 대한 명확한 커뮤니케이션은 직원의 업무만족도를 높이고 이를 통해 성과를 내는 데 없어서는 안 될 중요한 인자가 된다.

- 고객만족경영을 추진하는 조직이나 기업이 직원의 실행

력을 높여 성과를 내고자 한다면, 직원이 수행해야 되는 활동을 잘할 수 있도록 교육/훈련 등의 지원이 절실히 필요하고 이러한 것도 역시 직원의 만족에 영향을 주고 성과를 내는 동인이 된다. 기업이 추진하고자 하는 고객만족경영과 관련하여 새로운 활동이나 솔루션을 실행한다면 이런 새로운 활동을 안해 본 직원들에게는 교육/훈련이 지원되어야 실제로 성과를 낼 수 있다. 익숙하지 않은 일을 아무런 도움 없이 실행하도록 요구하는 것은 직원의 만족을 떨어뜨릴 뿐 아니라 실제 성과도 높일 수 없게 된다. 특히, 고객중심적 사고에 동참하도록 직원들에게 요청할 때는 고객중심적 사고란 무엇이고 왜 해야 하는지에 대한 설명으로 직원들이 함께 공감을 가질 수 있도록 교육을 제공해야 한다. 예를 들어, 고객중심적 사고는 다름 아닌 역지사지[5]하는 직원의 자세로 설명하고 이에 익숙될 수 있게 직원들을 도와주어야 올바른 고객만족실행이 가능하리라 생각한다. 따라서 고객만족경영을 실행하는 데 있어서 과거에 실행해 보지 않은 고객만족 활동이나 솔루션에 대한 교육/훈련은 직원만족을 높여 실제 성과를 높

5) 역지사지(易地思之) : 입장이나 처지를 바꾸어 생각함.

이는 데 없어서는 안 될 중요한 요인이 된다.

- 직원은 자신이 속해 있는 조직의 일하는 방식이나 조직문화, 업무환경, 조직원 간의 인간관계 등에 영향을 받는 존재이다. 이러한 면에 있어서도 실행방식, 주어진 상황에서 최선의 결정으로 고객만족을 위해 실행할 수 있는 직원권한위임(Employee Empowerment)제도, 직원관련 정책, 실행프로세스 등에 대해 명확한 지침과 일관성 있는 실행으로 실행 과정과 결과를 예측할 수 있게 추진하는 것이 필요하다. 실행의 규칙에 따라 변칙적인 것이 적으면 적을수록 실행을 담당하는 직원들은 만족을 더 느낄 수 있고, 이는 결과적으로 직원들의 성과와 연결될 수 있다.

위에서 고객만족의 원천이 되는 직원만족에 대한 기본 원리들을 살펴보았다.

기업경영의 문제에 있어서는 늘 그렇듯이, 이런 이론적 원리 그 자체보다 개별 기업에 맞는 실행이 더욱 중요하다.

무엇보다도, 기업경영을 책임지고 주도해 나가는 경영진이나 의사결정자들이 직원만족의 중요성을 인식하고 기업문화에 맞게 직원만족을 위한 다양한 요건들을 갖추고 이에 대한

Commitment를 행동으로 보여주어야 한다.

예로, 글로벌 기업인 HP에서는 경영진 회의에서 고객관련 이슈와 직원관련 이슈는 언제나 회의 안건에 포함되어 경영진의 관심과 노력이 지속되고 있다고 한다. 또한 앞의 Starbucks의 사례에서도 보았듯이, Starbucks는 직원을 파트너(Partner)라고 부르고 파트너에게 동기를 부여하고 만족을 주어 성과를 내도록 다양한 제도와 프로그램으로 동종 업계에서는 최저수준의 직원이탈률을 유지하고 있다고 한다.

이같이 기업이 어떠한 경영방식을 도입하여 실행하더라도 실행의 주체가 되는 직원들에게 동기를 부여하고 만족을 주지 못한다면 도입된 경영방식을 통해 기업이 달성하고자 하는 목적을 이루는 데는 한계가 있으리라 생각한다.

Ⅶ. 고객만족경영의 개선은 CRM을 통해

이 책에서는 고객만족경영의 이론적 프레임워크를 정리해 보고 현행 기업들의 고객만족활동 실태를 살펴보아 실행상의 문제점을 진단해 보고 현행 고객만족경영이 왜 겉돌고 있는지를 살펴보았다. 고객만족경영을 이론적인 측면에서 보면, 구매하여 사용해 보지 않은 고객들은 만족시킬 수 없기 때문에 기본적으로 주요 대상이 기존고객이 되고 이들을 재구매형태로 유지하는 것이 고객만족경영의 주된 목적이 된다. 고객만족경영의 이러한 이론적 특성은 바로 고객만족경영이 가지고 있는 본원적인 한계가 된다. 이는 기존고객의 고객유지뿐 아니라 잠재고객 또는 비고객(Non-customer)을 대상으로 신규고객을 획득해야 하는 대부분의 기업에게 고객만족경영은 부분적 해결책밖에 되지 못하기 때문이다. 실행면에 있어서도, 현재 고객만족경영을 추진하고 있는 수많은 기업들은 이를 위해 갖추어야 할 체계를 제대로 구축하지 못한 채 실행하고 있는 것을 볼 수 있다. 또한 고객만족을 위한 개선활동면에서도 고객중심적 사고가 기반이 되어 고객만족경영을 위해 지켜져야 할 기본원리에 따른 개선활동은 미약하다고 하겠다. 그 결과 현행 고객만족경영은 겉돌고 있다고 생각되고 그래서 실제로 성공사례를 보여주는 기업을 찾기도 쉽지 않다. 따라서 여기서는 앞에서 논의한 주요 내용을 뒤돌아보면서, 겉도는 고객만족경영의 개선을 위해 필요한 새로운 대안을 제시해 보고자 한다. 이와 더불어 고객만족경영을 추진할 때 경영진의 역할에 대한 제언과 함께 책을 마무리하고자 한다.

1. 고객만족경영의 개선을 위한 새로운 제언

무엇보다도 먼저, 고객만족경영을 올바로 실행하기 위해서는 이를 위한 경영체계가 구축되어야 한다. 앞에서 논의한 대로 고객만족경영의 목표에서 시작하여, 전략, 실행솔루션, 실행프로세스, 성과측정체계, 평가/보상, 교육/훈련과 내부 커뮤니케이션, 추진 조직이나 제도 등이 적절히 갖추어져야 한다. 아무리 강조해도 지나치지 않은 것은 이러한 경영체계는 고객만족경영을 실행하기 전에 반드시 구축해야 한다는 것이다. 실제로, 이러한 경영체계가 갖추어져도 실행상에 어려움이 있게 마련이어서 성과를 내기가 쉽지 않은데 반드시 갖추어져야 할 경영체계도 갖추지 못한 채 시작한다면 기대하는 성과를 거두기 어려울 것이다. 구축하고자 하는 경영체계 중에서도 가장 먼저 해야 되고 또한 가장 중요한 부분은 바로 고객만족경영을 통해 달성하고자 하는 목적/목표 설정이다. 사후 성과평가가 가능할 수 있도록, 되도록 측정가능한 형태의 목적/목표를 설정하고, 이에 정렬된 전략, 실행솔루션 등의 구성요소들을 갖추어야 한다. 기업이 속해 있는 업종에 따라서는 기존 고객만을 대상으로 하는 고객만족경영의 근본적인 한계를 넘어 잠재고객/비고객까지 대상을 확대하여 목표를 설정해야 할 수도 있으므로 고객만족경영의 영역을 확장하거나 고객만족이라는 개념을 포함하는 고객관계관리(Customer Relationship Management) 등의 경영방식으로의 전환이 바람직할 수도 있다.

경영방식의 비교

고객만족경영은 제품이나 서비스를 구매하여 사용해 온 고객을 만족시킴으로써 재구매를 유도하여 고객이탈을 막아 고객을 유지시킬 수 있다는 가치제안으로 시작되었다. 고객만족경영의 성과는 주로 서베이데이터에 기반한 CS

| 표 VII-1 | 경영방식의 비교

	출현배경	기본목적	대표 측정지표	사용 데이터	핵심 대상고객	특징
고객만족경영	재구매요인으로서의 고객만족필요	고객만족 개선을 통한 재구매와 잠재고객 추천	CS/NPS	서베이데이터 VOC 데이터	사용해 본 기존고객	만족
고객경험관리	고객만족경영의 확장 필요	고객경험 개선을 통한 구매결정 유도	긍정경험/인식	서베이데이터 VOC 데이터	사용해 본 기존고객 미사용고객	경험
고객가치경영	고객 구매결정요인으로서 가치의 중요성 인식	더 높은 가치를 창출하여 제공함으로써 고객구매 유도	Customer Value	서베이데이터 VOC 데이터	사용해 본 기존고객 미사용고객	혁신
고객관계관리	고객정보를 기반으로 효율적 고객획득과 고객관계강화를 통한 평생고객으로 관계관리 필요	고객관계 구축과 강화로 평생고객이 되도록 고객관계관리	Relationship Score/LTV	거래데이터 서베이데이터 웹데이터 문자데이터 관찰데이터 VOC 데이터	사용해 본 기존고객 미사용고객	고객관계를 통한 평생고객

점수나 NPS로 측정한다. 그러나 고객만족경영은 기존고객이 주요 대상이 되므로 잠재고객이나 비고객이 이론상 제외되는 한계가 있다. 이 한계를 넘어 고객만족경영을 확장시킨 고객경험관리는 구매 후에서의 접점뿐 아니라 구매 이전 단계에서도 광고나 매장에서 고객이 접할 수 있는 접점에서 만족한 경험을 제공함으로써 고객들의 긍정 인식을 형성하고 이를 통해 기존고객은 재구매로, 잠재고객이나 비고객은 신규구매를 하도록 유도하고자 한다. 그러나

> 고객경험관리의 성과측정은 고객만족경영과는 크게 다르지 않아 주로 서베이데이터를 통한 만족정도를 사후적으로 측정하고 있다.
> 고객가치경영은 구매시점은 물론 이외의 고객과의 접점에서 가치혁신을 통해 고객의 니즈를 충족시킬 수 있는 더 높은 가치를 제공함으로써 고객의 구매의사결정을 유도하여 신규고객을 획득하고 기존고객을 유지하고자 한다. 고객가치경영의 성과는 지불가격 대비 가치(Value for Money)를 서베이데이터 형태로 측정하곤 한다.
> 이에 비해 고객관계관리, 즉 CRM(Customer Relationship Management)은 고객다양화의 거래뿐 아니라 다양한 정보분석을 통해 고객이 원하는 offer를 제공함으로써 관계구축 형태로 신규고객을 획득하고 관계강화 형태로 기존고객의 재구매/반복구매/추가구매를 유도하여 평생고객으로 유도하고자 한다.
> 앞의 경영방식들과는 달리, CRM은 서베이데이터는 물론 거래데이터, 웹데이터, 문자데이터, 콜데이터 등 모든 가용한 데이터로 성과를 측정한다.

또 한 가지 제언은 고객만족경영의 목적인 재구매를 통한 고객유지나 추천구매를 통한 신규고객 획득에 대한 사후 실제 성과는 재무성과와 직접적인 관련이 있는 지표로 측정되고 이에 기반하여 평가/보상이 이루어져야 한다는 것이다. 현재 고객만족경영을 하고 있는 대부분의 기업은 고객만족활동의 결과를 서베이데이터에 기반한 고객만족점수로, 때로는 재구매의향 정도 또는 추천의향 정도 등을 측정하고 있다. 그런데 이 책의 앞부분에서 논의했듯이 고객이 서베이에서 응답하는 고객만족도나 재구매의향/추천의향은 실제 재구매행위/추천행위와 크게 다르다. 그러므로 고객만족활동의 성과지표로 수많은 기업이 현재 사용하고 있는 고객만족점수 또는 재구매의향/추천의향은 실제 거래와 연결되지 않아 재무성과지표와 직접적인 관련성이 낮기 때문에 고객만족경영의 목표를 측정하는데 적절하지 않다. 이는 결국, 이러한 고객만족활동에 대한 성과지표가 재무성과지표와 달라 이원적인 평가체계가 되므로 일상의 업무와 고객만족활동이 별개의 것으로 인식되어 고객만족활동이 일상업무에 추가적인 일로 간주되는 경향이 있다. 그렇게 되면, 대부분의 기업에서 내부구성원의 평가항목 중에 가장 중요시되는 것은 재무성과이므로 이를 우선할 수밖에 없으므로 고객만족활동이 일상의 업무에 내재화되지 못하고 우선순위에서 밀려 실행이 잘 안 되어 겉돌 가능성이 높다. 그러므로 고객만족 서베이데이터로 고객만족활동의 성과를 측정하는 것은 불완전하기에 이를 보완하기 위해서 필요한 것은 거래 또는 재무실적과 직접 연결되는 거래데이터의 활용이다. 과거에는 여건이 어려웠지만, 오늘날은 기술의 급속한 발전으로 인해 모든 기존고객의 재구매나 고객이탈 또는 추천을 통한 신규구매 등을 측정할 수 있는 시스템이 이미 구축되어 있거나 어렵지 않게 구축할 수 있으므로 고객만족활동의 성과측정을 위해 거래데이터를 활용할 수 있다. 따라서 향후에는 서베이데이터와 더불어 고객만족활동의 성과가 거래데이터로도 측정되어 재무성과와 직결될 수 있도록 만들어 가는 것을 제안하고자 한다.

실질적인 개선을 위해 또 한가지 제안하고자 하는 것은 재구매나 기존고객유지가 1차적인 고객만족경영의 목적이라면 기업의 고객만족활동영역이 고객만족요인을 넘어 재구매요인으로 확장되어야 한다는 것이다. 고객만족활동을 하고 있는 기업은 기존고객의 재구매라는 목적하에 고객들의 만족도를 높이기 위해 상품이나 서비스 등의 고객만족의 개별 요인에 노력을 집중하고 있다. 이러한 노력은 고객만족 그 자체는 높일 수 있지만, 고객만족의 개별 요인들이 재구매시점에 고려되는 재구매요인과는 다를 수 있기 때문에 고객만족과 재구매는 같은 방향으로 움직이지 않을 수 있고 상관관계 또한 낮을 수 있다. 이렇게 되면 비록 고객들의 만족도는 높아졌지만, 실제로 고객들은 재구매하지 않는 결과가 얼마든지 발생할 수 있다. 고객들이 만족함에도 불구하고 재구매하지 않고 이탈하는 현상이 나타나는 이유는 바로 이 때문이라 할 수 있다. 이렇게 된다면 고객만족경영의 근본적인 목적이 달성될 수 없게 되어 결국 고객만족경영은 실패로 끝나기 쉽다. 이를 해결하기 위해서는 고객만족경영이 확장되거나 고객가치경영 또는

CRM 경영방식으로 전환되어 재구매 결정요인이 포함되도록, 프레임워크를 수정해 볼 수도 있다. 고객을 위한 가치라는 시각에서 본다면, 현재 기업들이 고객만족도를 높이기 위해 노력하는 고객만족의 개별 요인뿐 아니라, 재구매 의사결정요인도 포함하여 고객이 재구매시점에서 경쟁사로부터 제공받게 될 총체적 가치의 관점에서 새로운 접근방법을 생각해 보아야 할 것이다.

[그림 VII-1]에서 제시된 것과 같이, 이러한 접근방법을 위해서는 실제 재구매 상황에서 고객의 선택을 예측할 수 있도록 고객의 관점에서 구성된 서베이를 이용하여 자사가 제공하

그림 VII-1 고객가치경영을 위한 프레임워크

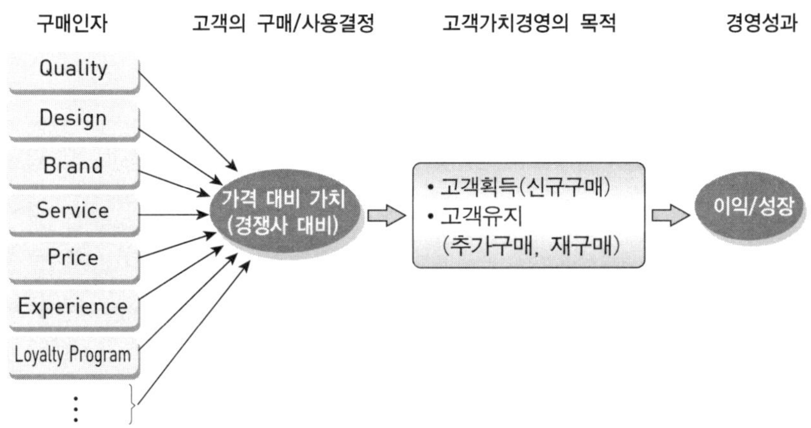

는 고객만족을 포함한 재구매요인들의 총체적 가치(Overall Value)를 선행적으로 측정하고 관리해 나가야 한다. 이렇게 측정된 자사의 총체적 제공가치를 경쟁사가 제공하는 가치와 비교/분석하여 가치경쟁력을 높여갈 수 있도록 지속적인 노력을 경주해야만 만족한 고객이 떠나는 것을 줄일 수 있으며 실질적인 기존고객의 재구매를 가능하게 할 수 있을 것이다. 고객만족경영은 이렇게 구매시점에서 고객이 인지하는 총체적 가치를 중심으로 경영하는 고객가치경영으로의 확장을 고려해 보아야 할 것이다.

고객만족경영을 이론적으로 생각해 보면, 앞에서 언급했듯이 구매하여 사용해 보지 않은 고객은 만족시킬 수 없으므로 기본적인 대상은 기존고객이 된다. 뒤집어 이야기하면, 이는 바로 잠재고객 또는 신규고객들은 사전적으로 만족시킬 수 없기 때문에 이들은 고객만족경영의 주요 대상이 되지 못한다는 것을 의미한다. 간혹 만족한 기존고객의 추천을 통해 고객을 획득하고자 하는 노력이 고객만족경영하에서 이루어지고 있기는 하지만 선험적으로 뚜렷한 인과관계나 성과를 보여주지 못하는 경우가 대부분이어서 고객만족경영은 기존고객이 주요 대상이 된다. 그래서 고객만족경영은 고객유지가 주된 목적이 되는 방어적인 경영방식이라고 할 수 있다. 이러한 고객만족경영의 본원적 특성은 바로 고객만족경영의 한계가 되는 측면을 고려해 본다면, 고객중심적 기업으로의 전환을 위해 고객만족경영은 적절한 수단이 되지 못할 뿐 아니라 아무리 고객만족활동을 통해 개선을 이루어도 부분적인 성공에 그칠 수밖에 없다. 그러므로 이제 고객만족경영이 가지고 있는 이러한 근본적인 한계를 넘어설 수 있는 경영방식으로 대체되어야 올바른 실행과 기대하는 성과를 얻을 수 있다. 이를 위해 기존고객의 유지는 물론 잠재고객 또는 비고객의 획득까지 포괄적으로 포함할 수 있는 CRM 경영방식은 좋은 대안이 될 수 있다. 어느 기업 또는 상품/서비스에 대해 고객이 만족하여 지속적으로 재구매한다는 것은 그만큼 고객과의 관계가 강화되어 간다는 것을 의미한다. 재구매를 결정할 시점에, 고객이 자사를 떠난다면 포기해야 할 총체적 혜택이 경쟁사로 옮겼을 때 얻을 것으로 기대되는 혜택보다 크다고 느낄 수 있도록 고객과의 관계를 강화시켜 나가는 CRM이 필요하다. 이렇게 된다면 진정 고객만족경영이 추구하는 고객유지가 가능하게 될 것이고, 이런 의미에서 고객만족경영은 [그림 VII-2]에서 가시화한 것과 같이 CRM 경영으로의 전환이 필요하다. 고객이 사용하는 상품/서비스뿐 아니라 모든 접점에서의 접촉과 상호작용을 늘려 나가고 여러 채널을 통해 이러한 기업과

그림 VII-2 CRM 경영을 위한 프레임워크

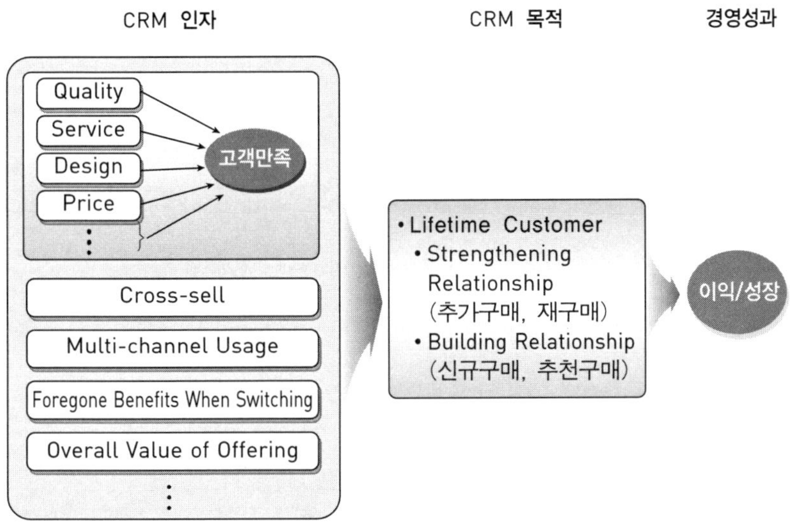

의 상호작용을 하게 되는 다채널 사용고객(Multi-channel User)이 되도록 유도하여 고객관계를 강화시켜 나가야 한다. 이를 통해 고객의 재구매/추가구매의 가능성을 높이고, 거래의 폭과 거래기간을 확대시켜 나가 평생고객이 될 수 있도록 고객관계를 관리해 나가야 한다. 구매시점에서 높은 가치를 제공하여 신규고객을 획득하고자 하는 고객가치경영에 비해, 이러한 CRM 경영방식은 더욱 포괄적으로 구매 전의 모든 단계와 접점에서 고객과의 효과적인 커뮤니케이션 메시지나 긍정경험 그리고 제품/서비스 등에서 높은 총체적 가치를 잠재고객 또는 비고객에게 제공하여 신규구매가 이루어지게 함으로써 고객과의 관계를 구축하여 신규고객을 획득할 수 있다. 이와 같이 기존고객을 주된 대상으로 하는 고객만족경영을 넘어, 고객관계 강화를 통한 기존고객의 유지뿐 아니라 고객관계 구축을 통한 신규고객 획득을 목적으로 하는 CRM 경영으로 현행의 고객만족경영은 진화해 나가야 할 것이다.

참고로 〈표 VII-1〉에는 지금까지 기업들이 접해 본 경영방식들을 비교하여 차이점을 살펴보았다. 앞의 〈표 VII-1〉이 보여 주듯이 확장된 고객만족경영은 더이상 고객만족경영이 아니므로 이를 수용하는 기업에서는 혼돈을 없애기 위해 적정한 이름이나 HP의 TCE와 같이 Brand를 쓰는 것도 좋다고 생각한다.

마지막 제언으로 강조하고 싶은 것은 고객만족활동을 위해 갖추어야 할 경영체계와 더불어 중요한 부분은 바로 실행이라는 것이다. 실행을 위한 경영체계를 잘 갖추었다는 것이 자동적으로 성공적인 결과를 보장하는 것은 아니다. 실행을 위한 경영체계의 구축은 성공을 위한 필요조건이지 결코 충분조건이 되지는 못한다. 그러므로 경영체계가 잘 갖추어졌다 하더라도 실행면에서 누가 무엇을 어떻게 할 것인가를 구체적으로 보여주는 Operational Model이 제시되고 공유되어야 한다. 궁극적으로 가장 바람직한 Operational Model은 개별 부서가 당면하고 있는 고객관련 이슈들에 대해 솔루션을 도출해 내고 그 솔루션을 실행으로 옮겨 스스로 해결해 나가 일상의 업무에 체화되어 있는 모습이라고 할 수 있다. 다시 말하면, 전사적인 고객만족경영을 위해 어느 부서가 또는 누가 무엇을 어떻게 할 것인지를 보여주고 이것이 결국 어떠한 산출물로 나오게 되는지가 가시화된 것이 바로 Operational Model이라 할 수 있다. 이러한 작업은 과거에는 안해 본 새로운 활동이 될 수 있으므로 필요하다면 외부의 도움도 받아 Operational Model도 만들고 솔루션이나 실행안도 만들어 보면서 내부의 역량을 키워 나가야 한다. 개별 부서가 접하는 고객관련 이슈들을 스스로 해결해 나갈 수 있는 역량이 갖추어지고 또 고객만족활동이 일상의 업무에 내재화될 수 있을 때까지는 고객만족경영을 전개해 나가는 데 중심 역할을 할 수 있는 Enabling Organization이 필요하다. 이 추진조직에서는 고객만족경영의 목표를 달성하기 위해서 고객의 활동을 구매 전 단계, 구매단계, 구매 후 사용단계별로 나누어 고객만족을 위해 어느 부서에서 어떤 일을 할 것인지에 대한 역할과 책임을 할당하여 실행으로 옮길 수 있도록 구체화된 Operational Model을 만들어 제시하여야 할 것이다. 동시에 이 추진조직에서는 실행부서에서 필요한 솔루션도 직접 만들고 실행부서의 실행을 지원하면서 체계적이며 전사적인 고객만족경영을 추진해 나가야 한다.

2. 실행의 주체가 되는 직원이 해야 하는 것들

앞에서 논의한 것과 같이 기업이 고객만족경영을 수용하여 실행으로 옮길 때 성공적인 결과를 얻기 위해서는 경영체계를 비롯하여 갖추어야 할 요건들이 제대로 충족되어야 한다. 그런데 진정 간과해서는 안 될 것은 기업에서 추진하는 고객만족경영의 성과와 성공은 근본적으로 실행의 주체가 되는 그 기업의 직원에게 달려 있다라는 것이다. 고객만족경영을 위한 체계나 그 외의 요건들은 필요조건이지 성공을 확실히 보장해 주는 충분조건은 되지 못한다. 결국 고객만족경영의 성공을 위한 충분조건은 실행이고 그 실행의 주체인 직원들이 어떻게 하느냐에 따라 결과가 달라진다. 이런 관점에서 보면, 직원들의 고객만족활동이 성공의 핵심인자가 된다. 따라서 이에 관련하여, 기업의 직원들이 고객만족활동을 할 때 직원들이 반드시 해야 하는 것 몇 가지를 생각해 보면서 정리해 보고자 한다.

무엇보다도 먼저, 고객만족활동을 하는 직원들은 고객만족경영의 목적이 무엇인지를 분명히 알아야 한다. 즉, 고객만족활동을 통해 사후적으로 얻게 될 전사적 성과 또는 결과를 가능하다면 정량적으로 정확히 인지하는 것이 필요하다. 그래서 직원 개인이 그 목적에 어떠한 공헌이나 일조를 할 수 있는지 능동적으로 찾아내어 직원 개인이 하는 일이 조직 전체가 기대하는 성과와 연결될 수 있도록 해야 한다. 이것을 다른 시각에서 생각해 본다면, 직원 개인이 하는 일이 잘 하고 있는지 아니면 잘 못하고 있는지 개인의 성과가 어떻게 평가될 수 있는지를 찾는 것이 된다고 생각한다. 동시에 강조하고 싶은 것은 고객만족활동이 현재까지 하던 업무의 추가적인 일이 되는 것이 아니라 여태껏 해 온 일을 구체적인 목표를 가지고 좀 더 체계적으로 일하는 것이 되어야 한다는 것이다. 직원 개인이 하는 일이 재무성과로 나타날 수 있는 것도 있고 Operational Metrics로 나타나는 일도 있겠지만 어떠한 것이 되든 전사적으로 달성하고자 하는 목표와 정렬되어 연관되어야 고객만족경영이 기대하는 성과를 가져올 수 있다.

고객만족경영과 관련하여 개별 직원이 해야 하는 또 한 가지는 고객중심적 사고(Customer-centric Mindset)를 가지고 고객만족활동에 임해야 하는 것이다. 특히, 고객과의 접점에서 일하여 고객을 접하는 직원은 고객의 관점과 시각을 가지고 고객만족활동을 해야 한다. 고객중심적 사고란 간단히 말하면 역지사지(易地思之), 즉 상대방 또는 고객의 처지를 바꾸어 생각하는 것이라 할 수 있다. 공급자나 판매자 또는 도움을 주는 입장이 아니라 도움을 필요로 하는 사람인 고객의 입장에서 문제와 상황을 이해하고 진심으로 도와주려는 마음이 바로 고객중심적 사고라고 생각한다. 같은 업무나 활동을 하더라도 이렇게 역지사지하는 마음과 자세로 행동을 하는 직원은 그렇지 않은 직원과 업무의 결과가 상이하게 다를 수 있다. 결국, 고객만족활동이란 역지사지에서 나오는 활동이므로 이것은 실행을 담당하고 있는 직원이 하지 않는다면 전사적인 고객만족경영은 절대 성공할 수 없다는 것을 분명히 인식하고 활동에 임해야 할 것이다.

마지막으로, 기업이 추진하는 고객만족경영이 성공하려면, 이러한 고객만족활동이 일상업무에 녹아 있어서 체화되어야 한다. 이를 위해 개별 직원 모두는 하루하루 하는 일이 고객만족활동임을 잊지 말고 지속적인 활동의 개선을 위해 노력해야 할 것이다.

3. 고객만족경영을 추진할 때 경영진이 해야 될 역할

기업이 고객만족경영을 수용하여 추진할 때 고객을 만족시키기 위한 실행을 담당하는 직원들에게 동기를 부여하고 실제 성과를 내도록 하는 데는 CEO나 경영진의 역할이 매우 중요하다. 기업이 추진하는 모든 일에 있어서 경영진의 역할이 중요하지 않은 것이 없겠지만, 재무성과와 직접적인 연관이 적다고 잘못 생각될 수 있는 고객만족경영의 추진에 있어서는 경영진의 역할이 더욱 중요하다고 할 수 있다. 이런 관점에서 본다면, 단순히 도입시점에서의 선포로 끝나지 않는 실행과정에서도 지속되는 경영진의 주도적인 추진이 반드시 필요하다. CEO나 경영진의 강한 실행의지와 지속적인 커뮤니케이션, 그리고 일관된 추진은 고객만족경영의 핵심 성공인자라고 해도 과언이 아닐 것이다. 그렇다면, 고객만족경영을 전개할 기업의 경영진은 성공적인 실행을 위해 구체적으로 무엇을 해야 하는가?

무엇보다도 먼저, 기업의 CEO나 경영진은 우리가 정의하는 고객만족경영은 어떤 것이고 이것이 우리가 하는 업무와 어떠한 관련이 있는지를 명확히 커뮤니케이션해야 한다. 앞에서도 언급했듯이 필요하면 Brand를 사용하여 추진하고자 하는 고객만족경영을 하나의 Brand로 부른다는 것을 선언하는 것도 좋을 수 있다. 또한 고객만족경영의 프레임워크를 제시하고 우리가 하고자 하는 것이 무엇인지를, 이를 통해 달성하고자 하는 것이 무엇인지를 분명히 제시해야 한다. 이렇게 함으로써 고객만족경영에 대해 전사적으로 동일한 개념과 이해를 갖게 하고 조직 간에 혼선 없는 커뮤니케이션이 이루어질 수 있도록 해야 한다.

둘째, 일단 고객만족경영에 대한 명확한 프레임워크를 제시한 후에는 경영진은 우리가 왜 이것을 해야 하는지, 하면 어떠한 결과가 오고 또는 안하면 왜 안 되는지에 대한 논거를 명확히 하여 명분을 제시하고 직원들에게 동기를 부여해야 한다. 남이 또는 경쟁사가 하니까 따라하는 식이 아니라, 경영진은 기업의 가치관이나 비전과는 어떻게 연관지어지고 우리가 반드시 해야 하는 이유를 명확히 하여 기업의 내부직원들 사이에 공감대가 형성되어 자발적으로 동참할 수 있도록 유도해야 한다.

셋째, 기업이 고객만족경영을 추진하는 데 대해 내부직원들의 공감대가 형성되면, 이제 경영진은 전사의 직원들이 개념과 목적을 이해하고 개별 직원들이 이와 관련하여 무엇을 해야 하는지에 대해 명확한 의사소통을 지속적으로 해야 한다. 단순한 구호나 말로만 그칠 것이 아니라, 경영진은 실행을 위해 구체화된 단계적 이행방안인 로드맵(Roadmap)을 제시하고 직원들이 한 방향으로 나가면서 전사적인 활동이 되도록 만들어 나가야 한다. 때로는 격려하고 때로는 도전하며 실질적인 활동과 이에 따른 성과를 모니터링하면서 추진의 끈을 놓아서는 안 된다. 가능하다면 빨리 성과를 낼 수 있는 활동(Quick Win)을 먼저 하도록 하여 성과가 나오면 이를 커뮤니케이션하여 공유하고 격려하면서 실질적인 실행면에서의 일상업무화가 되도록 추진해야 할 것이다.

이렇게 고객만족경영을 추진함에 있어서 CEO나 경영진의 지속적인 커뮤니케이션과 실제 추진은 실행을 담당하는 내부 직원들의 사기도 올려 성과를 내도록 하는 중요한 동인이 된다. 따라서 고객만족경영의 성과를 좌우하는 직원들의 일에 대한 동기부여와 만족에 큰 영향을 미칠 수 있는 경영진의 추진활동과 역할은 고객만족경영의 핵심 성공요인이라고 해도 결코 지나친 말이 아닐 것이다.

[저자약력]

■최정환

한국외국어대학 무역학과를 졸업한 후, 미국 The University of Michigan에서 경영학박사와 경제학박사 학위를 취득하였다. 학위 후, 미국 Hughes Electronics, Research International의 VP(Marketing Science), iXL Consulting의 ERM 전략담당 본부장, Seurat Consulting의 CRM Analytics 본부장, Sears의 CRM 본부장을 역임하며 다양한 업계의 비즈니스 이슈들을 다루는 프로젝트들을 수행했다. 2002년에 국내로 돌아와 삼성카드에서 근무하였고, 현재는 LG경제연구원, 경영연구실 실장으로 해외시장 관련된 전략컨설팅, CRM/CS 연구와 컨설팅을 수행하고 있다. 미시간 경영대학에서는 MBA/BBA 학생들에게 마케팅을 강의했고, 1998년부터 미국마케팅협회의 강사로서 국내외 기업의 실무자들을 대상으로 강의를 해 오고 있다. 저서로는 「과학적 경영을 위한 CRM」을 포함하여 다수의 책과 *Journal of Econometrics* 등의 저널에 다수의 논문이 실렸고, 매년 해외 컨퍼런스에서 연구결과를 발표해 오고 있다. 최정환 박사는 jwchoi@lgeri.com 또는 jwc419@hotmail.com을 통해 접촉할 수 있다.

■송근택

고려대학교에서 심리학을 전공하고 경영대학원에서 마케팅 석사를 졸업했다. 조사회사, 광고회사에서 마케팅 조사와 전략, 커뮤니케이션 관련 100여 건의 프로젝트를 수행하였으며, 현재 LG텔레콤 CRM 상품개발 팀장을 맡고 있다. 고객분석에 대한 전문성을 기반으로 마케팅 전략, 상품기획, 영업전략 지원과 관련된 중요한 사내 프로젝트를 성공적으로 수행하였다. 최근에는 고객가치 증대 활동에 관심을 갖고 CV(Customer Value) 관련 업무를 추진 중이다. 저서로 번역서 「매트릭스 마케팅」(공저)이 있다(songmmpi@lgtel.co.kr).

■황혜정

서강대학교 신문방송학과와 동 대학원을 졸업하였다. 현재 LG경제연구원 경영연구실 책임연구원으로 일하고 있다. 다양한 마케팅 조사 경험을 기반으로 고객만족 및 고객경험에 대한 다양한 연구 활동을 하고 있으며, 기업 대상으로 고객만족경영에 대한 컨설팅 프로젝트를 수행한 바 있다. 일간지 및 다양한 매체의 기고 등을 통해 고객만족 및 마케팅 관련 의견을 전달하고 있다(hjhwang@lgeri.com).

겉도는 고객만족경영을 위한 CRM

2008년 10월 15일 제1판 1쇄 발행
2011년 2월 10일 제1판 2쇄 발행

저 자 최 정 환
송 근 택
황 혜 정
발행인 강 희 일
박 은 자

발행처 **다 산 출 판 사**

서울특별시 마포구 용강동 494-85
등 록 1979. 6. 5. 제3-86호(윤)
전 화 717-3661~2, 718-1751~2
F A X 716-9945
조 판 민 하 디 지 탈 아 트

정가 13,000원 파본은 바꾸어 드립니다.

http://www.dasanbooks.co.kr
ISBN **978-89-7110-365-4 93320**